STRUM & SING
UKULELE

POP SONGS
FOR KIDS

T0071360

ISBN: 978-1-5400-3671-1

HAL•LEONARD®

Visit Hal Leonard Online at
www.halleonard.com

Contact us:
Hal Leonard
7777 West Bluemound Road
Milwaukee, WI 53213
Email: info@halleonard.com

In Europe, contact:
Hal Leonard Europe Limited
42 Wigmore Street
Marylebone, London, W1U 2RN
Email: info@halleonardeurope.com

In Australia, contact:
Hal Leonard Australia Pty. Ltd.
4 Lentara Court
Cheltenham, Victoria, 3192 Australia
Email: ausadmin@halleonard.com.au

CONTENTS

Bad Day

Words and Music by
Daniel Powter

C   F   Gsus4   G   Am   Em

Dm   E♭   A♭   Am(maj7)   Am7   F#m7♭5

Intro

C   F |Gsus4   ‖

Verse 1

C   F |G |C
Where is the moment we needed the most?
          F |G   ‖
You kick up the leaves and the magic is lost.

Pre-Chorus 1

Am   Em |F
They tell me your blue skies fade to grey.
          C |Dm
They tell me your passion's gone a - way
          |G   ‖
And I don't need no carryin' on.

Verse 2

C   F |G |C
You stand in the line just to hit a new low.
          F |G   ‖
You're fakin' the smile with the coffee to go.

Pre-Chorus 2

Am   Em |F
They tell me your life's been way off line.
          C |Dm
You've fallen to pieces ev'ry time
          |G   N.C.
And I don't need no carryin' on.

Chorus 1

        ‖ **C**   **F**
Because you had a bad day. You're taking one down.

        | **Dm**   **G**
You sing a sad song just to turn it a - round.

        | **C**   **F**
You say you don't know. You tell me don't lie.

        | **Dm**   **G**
You work at a smile and you go for a ride.

        | **Am**   **Em**
You had a bad day. The cam'ra don't lie.

        | **F**   **C**
Your're comin' back down and you really don't mind.

        | **Dm**   **G**   ‖
You had a bad day.   You had a bad day.

Interlude

| **C**   **F** | **Gsus4**   **F** | **C**   **F** | **G**   ‖

Pre-Chorus 3

Am   **Em** | **F**
   Well, you need a blue sky holi - day.

           C | **Dm**
The point is they laugh at what you say

            | **Gsus4**   **G**
And I don't need no carryin' on.

Chorus 2

        ‖ **C**   **F**
You had a bad day. You're taking one down.

        | **Dm**   **G**
You sing a sad song just to turn it a - round.

        | **C**   **F**
You say you don't know. You tell me don't lie.

        | **Dm**   **G**
You work at a smile and you go for a ride.

        | **Am**   **Em**
You had a bad day. The cam'ra don't lie.

        | **F**   **C**
Your're comin' back down and you really don't mind.

        | **Dm** | **C**   ‖
You had a bad day. Oh, on a holi - day.

Bridge

E♭
Sometimes the system goes on the blink
　　　│A♭
And the whole thing, it turns out wrong.
　　　│E♭
You might not make it back
　　　　　　│A♭
And you know you could be well.
　　　　　　　　│Gsus4　│G　　　‖
Oh, that's strong and I'm not wrong, yeah.

Verse 3

　　　　C　　　　　　F
　　So where is the passion
　　　　　　　　│G
When you needed the most?
　　　　　│C
Oh, you and I.
　　　　　│F　　　　　　　│G
You pick up the leaves and the magic is lost

Chorus 3

　　　　　　　　‖C　　　　　　F
'Cause you had a bad day. You're taking one down.
　　│Dm　　　　　G
You sing a sad song just to turn it a - round.
　　　│C　　　　　　F
You say you don't know. You tell me don't lie.
　　│Dm　　　　　G
You work at a smile and you go for a ride.
　　　│Am　　　　　　Am(maj7)
You had a bad day. You've seen what you like.
　　　│Am7　　　F♯m7♭5
And how does it feel one more time?
　　│F　Gsus4　　　　　　‖
You had a bad day.　　You had a bad day.

Outro

‖:C　　F　│Dm　G　:‖C　　　　‖

Cool Kids

Words and Music by Graham Sierota,
Jamie Sierota, Noah Sierota,
Sydney Sierota, Jeffrey David Sierota
and Jesiah Dzwonek

Em   C   G   Dsus4   D

Intro

| **Em** | **C** | **G** | **Dsus4** | |
| **Em** | **C** | **G** | **Dsus4** |

Verse 1

    ‖Em   **|C**
She sees 'em walkin' in a straight line,
        |G   **|**
That's not really her style.
        |Em   **|C**
And they all got the same heartbeat,
        |G   **|**   **|**
But hers is falling be - hind.
Em   **|C**
Nothing in this world could
        |G   **|**   **|Em**
Ever bring them down.
        |C
Yeah, they're invincible,
        |G   **|**
And she's just in the back - ground.

Chorus 1

    ‖Em   **|C**   **|G**
And she says, "I wish I could be like the cool kids,
    |Dsus4   **|Em**
'Cause all the cool kids, they seem to fit in.
    |C   **|G**
I wish that I could be like the cool kids,
    |D   **‖**
Like the cool kids."

Interlude 1   *Repeat Intro*

Verse 2

```
        ‖Em                    |C
He sees 'em talkin' with a big smile,
                    |G            |
But they haven't got a clue.
    |Em                  |C
Yeah, they're livin' the good life,
                    |G          |            |
Can't see what he is goin' through.
Em                |C
They're drivin' fast cars,
                              |G        |      |Em
But they don't know where they're going,
            |C
In the fast lane,
            |G          |
Livin' life without knowing.
```

Chorus 2

```
            ‖Em          |C                    |G
And he says,     "I wish I could be like the cool kids,
                    |Dsus4          |Em
'Cause all the cool kids, they seem to fit in.
            |C                  |G
I wish that I could be like the cool kids,
            |D          |Em
Like the cool kids.
            |C                  |G
I wish I that I could be like the cool kids,
                    |Dsus4              |Em
'Cause all the cool kids, they seem to get it.
            |C                    |G
I wish that I could be like the cool kids,
                    |D          ‖
Like the cool kids."
```

Interlude 2   Em |C |G |D |
                     Em |C |G |D

Chorus 3
                                        ‖ N.C. | |
                     And they said,   "I wish I could be like the cool kids,

                                                        | |
                     'Cause all the cool kids, they seem to fit in.

                                                | |
                     I wish that I could be like the cool kids,

                                                | |Em
                     Like the cool kids."

                                        |C |G
                     "I wish I could be like the cool kids,

                                                |Dsus4 |Em
                     'Cause all the cool kids, they seem to fit in.

                                        |C |G
                     I wish that I could be like the cool kids,

                                        |D |Em
                     Like the cool kids.

                                                |C |G
                     I wish I that I could be like the cool kids,

                                        |Dsus4 |Em
                     'Cause all the cool kids, they seem to get it.

                                        |C |G
                     I wish that I could be like the cool kids,

                                        |D   ‖
                     Like the cool kids."

Outro   ‖:Em |C |G |Dsus4   D |
                     |Em |C |G |Dsus4   D :‖
                     |Em   ‖

Brave

Words and Music by Sara Bareilles
and Jack Antonoff

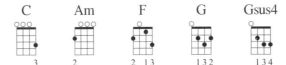

Verse 1

C |
　　　You can be amazin', you can turn a phrase
　　　　　　　|**Am**
Into a weapon or a drug.

　　　　　　　　　　　　　　　|
You can be the outcast or the backlash
　　　　　　　　　　|**F**
Of somebody's lack of love,
　|**G**　　　　　　　　|**C**
Or you can start speaking up.

　　　　　　　　　　　　　　　　　　|
Nothin's gonna hurt you the way that words do
　　　　　　　　　　　　|**Am**
When they settled 'neath your skin.
　　　　　　　　　|
Kept on the inside and no sunlight,
　　　　　　　|**F**
Sometimes a shadow wins.
　|**G**　　　　　　　　N.C.
But I wonder what would hap - pen

Chorus 1

```
        ‖ C                    | Am
If you say what you wanna say
                    | F       | G
And let the words fall out honestly.
                        | C                    | Am
I wanna see you be brave with what you wanna say
                    | F       | G
And let the words fall out honestly.
                        | C
I wanna see you be brave. Just wanna see you.
  | F                    | Am                | G
I   just wanna see you. I     just wanna see you.
                        | C
I wanna see you be brave. Just wanna see you.
  | F                    | Am                | G
I   just wanna see you. I     just wanna see you,
                    |     N.C.     ‖
I wanna see you be brave.
```

Verse 2

```
        C
        Ev'rybody's been there,
        |                            | Am
Ev'rybody's been stared down by the enemy.
                            |
Fallen for the fear and done some disap - pearin',
                    | F
Bow down to the mighty.
        | G                    | C
Don't run,     just stop holdin' your tongue.
            |                        | Am
Maybe there's a way out of the cage where you live.
            |
Maybe one of these days
                    | F            | G
You can let the light in and show me
            N.C.     ‖
How big your brave is.
```

Chorus 2

```
C                        |Am
Say what you wanna say
                    |F          |G
And let the words fall out honestly.
                     |C                      |Am
I wanna see you be brave with what you wanna say
                     |F          |G
And let the words fall out honestly.
                         ‖
I wanna see you be brave.
```

Bridge

```
Am               |C                   |
    And since your history of silence
                     F      |C
Won't do you an - y good,
             F      |Am
Did you think it would?
                  |C                  |Gsus4
Let the words be anything but empty.
                          |G        ‖
Why don't you tell them the truth?
```

Chorus 3

C |Am
Say what you wanna say

              |F |G
And let the words fall out honestly.

              |C |Am
I wanna see you be brave with what you wanna say

              |F |G
And let the words fall out honestly.

              |C
I wanna see you be brave. Just wanna see you.

 |F |Am |G
I   just wanna see you. I   just wanna see you.

              |C
I wanna see you be brave. Just wanna see you.

 |F |Am |G
I   just wanna see you. I   just wanna see you,

             ‖
See you be…

Outro

C
I just wanna see you.

 |F
I   just wanna see you.

 |Am |G |
I   just wanna see you.

C
I just wanna see you.

 |F
I   just wanna see you.

 |Am |G   ‖
I   just wanna see you.

Can't Stop the Feeling!

from TROLLS

Words and Music by Justin Timberlake,
Max Martin and Shellback

C   Am   Fmaj7   C7sus4   B♭7sus4   B♭   Fm7   F

Intro

C |Am |Fmaj7 |Am

Verse 1

‖C |Am
I got this feeling inside my bones.

|Fmaj7 |Am
It goes e - lectric, wavy when I turn it on.

|C |Am
All through my city, all through my home,

|Fmaj7 |Am
We're flying up, no ceiling, when we in our zone.

Pre-Chorus 1

‖C
I got that sunshine in my pocket,

|Am
Got that good soul in my feet.

|Fmaj7 |Am
I feel that hot blood in my body when it drops, ooh.

|C |Am
I can't take my eyes off of it, moving so phenomenally.

|Fmaj7 |Am
Room on lock the way we rock it, so don't stop.

|C7sus4 |C
Under the lights when ev'rything goes,

|C7sus4 |C
Nowhere to hide when I'm getting you close.

|B♭7sus4 |B♭
When we move, well, you already know.

|Fm7 |B♭7sus4   ‖
So just imag - ine, (Just imagine, just imag - ine.)

Chorus 1

C
Nothing I can see but you
      |Am
When you dance, dance, dance.
      |F
I feel a good, good creeping up on you,
   |Am |
So just dance, dance, dance. *Come on!*
C
All those things I shouldn't do,
      |Am
But you dance, dance, dance.
    |F |Am
And ain't nobody leaving soon, so keep dancing.
              |C
I can't stop the feel - ing.
    |Am
So just dance, dance, dance.
            |F
I can't stop the feel - ing.
    |Am   ‖
So just dance, dance, dance. *Come on!*

Verse 2

C |Am
Ooh, it's something magi - cal.
    |Fmaj7 |Am
It's in the air, it's in my blood, it's rushing on.
          |C |Am
I don't need no reason, don't need con - trol.
    |Fmaj7 |Am
I fly so high, no ceiling, when I'm in my zone.

Pre-Chorus 2   *Repeat Pre-Chorus 1*

Chorus 2

C
Nothing I can see but you
  |Am
When you dance, dance, dance.
   |F
I feel a good, good creeping up on you,
  |Am |
So just dance, dance, dance. _Come on!_
C
All those things I shouldn't do,
   |Am
But you dance, dance, dance.
  |F |Am
And ain't nobody leaving soon, so keep dancing.
      |C
I can't stop the feel - ing.
   |Am
So just dance, dance, dance.
      |F
I can't stop the feel - ing.
   |Am
So just dance, dance, dance.
      |C
I can't stop the feel - ing.
   |Am
So just dance, dance, dance.
      |F
I can't stop the feel - ing.
   |Am ||
So keep dancing. _Come on!_

Interlude

```
C              |Am        |F         |Am                        |
               Oh.      Yeah,      yeah.  I can't stop the…
C          |Am                    |F        |Am              |
               I can't stop the…                I can't stop the,
N.C.                              ‖
I can't stop the, I can't stop the feeling.
```

Chorus 3

```
C
Nothing I can see but you
        |Am
When you dance, dance, dance.
          |F
I feel a good, good creeping up on you,
        |Am                      |
So just dance, dance, dance. Come on!
C
All those things I shouldn't do,
          |Am
But you dance, dance, dance.
        |F                          |Am
And ain't nobody leaving soon, so keep dancing.
                        |C                  |Am
I can't stop the feel - ing. Got this feeling in my body.
                        |F                  |Am
I can't stop the feel - ing. Got this feeling in my body.
                        |C                    |Am
I can't stop the feel - ing. Wanna see you move your body.
                        |F                  |Am
I can't stop the feel - ing. Got this feeling in my body.
                        ‖
Come on! Break it down!
```

Outro

```
N.C.                 |                 |                    |
Got this feeling in my body. Can't stop the feel - ing.
C                    |                ‖
Got this feeling in my body. Come on!
```

Evermore
from BEAUTY AND THE BEAST

Music by Alan Menken
Lyrics by Tim Rice

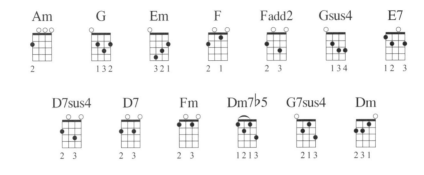

Intro

Am　　　　|G　　　　|Em　　　　|Am　　　　|
F　　　　|Em　　　　|Fadd2　　　|F　　　　‖

Verse 1

C　　　　　　　　　　　|　　　　　|
　　　I was the one who had it all;
　　　　　　　　　　|F　　　　|
I was the master of my fate.
　　　　　　　　Am　|G　　　Am　|F
I never needed any - body in my life;
　　　　　　　C　　　|Gsus4　G　‖
I learned the truth too late.

Verse 2

```
         C                              |           |
            I'll never shake away the pain.

                                      |F          |
         I close my eyes, but she's still there.

                          Am |G          Am  |F
         I let her steal in - to my melancholy heart;

                          C   |G          |F     G
         It's more than I can bear.
```

Chorus 1

```
         ‖F               |C
         Now I know she'll never leave me,

         |F               |C
         Even as she runs a - way.

             |F       E7        |
         She will still tor - ment me,

         Am        D7sus4 |
         Calm me, hurt me,

         D7                     |Gsus4   G   |
         Move me, come what may.

         D7sus4            |C          |
         Wasting in my lonely tower,

         F             E7   |Am  Fm  |C
         Waiting by an open door,

                              |Dm7♭5    |C
         I'll fool myself she'll walk right in,

                      G7sus4   |C        |          ‖
         And be with me forever - more.
```

Verse 3

```
    C                              |            |
        I rage against the trials of love.
                            |F          |
    I curse the fading of the light.
                        Am
    Though she's al - ready flown
     |G          Am   |F
    So far beyond my reach,
                    C    |G         |
    She's never out of sight.
```

Chorus 2

```
             ‖F              |C
    Now I know she'll never leave me,
        |F              |C
    Even as she fades from view.
            |F     E7      |
    She will still in - spire me,
    Am   C    |D7        |Gsus4    G  |
    Be a  part of ev'rything I do.
    F                  |C         |
    Wasting in my lonely tower,
    F            E7  |Am       |F
    Waiting by an open door,
                            |C         |Dm
    I'll fool myself she'll walk right in,
            Em              |Am  Em  |F
    And as the long, long nights be - gin,
            Em            |Am   Dm
    I'll think of all that might have been,
        |C     |G  |C    |Am    |F  G |C      ‖
    Waiting here for - ever - more.
```

Feel It Still

Words and Music by John Gourley,
Zach Carothers, Jason Sechrist,
Eric Howk, Kyle O'Quin,
Brian Holland, Freddie Gorman,
Georgia Dobins, Robert Bateman,
William Garrett, John Hill
and Asa Taccone

Dm   F   Gm   B♭maj7   Gm7   Dm7   B♭

Intro

| **Dm** | | |**F** | | | |
| **Gm** | | |**Dm** | | |

Verse 1

                                      ‖Dm | |**F**

Can't keep my hands to myself.

                    |

Think I'll dust 'em off,

                    |**Gm**

Put 'em back on the shelf,

                    | |**Dm**

Case my little baby girl is in need.

                    | ‖

Am I coming outta left field?

Chorus 1

Dm | |**F**

     Ooh, I'm a rebel just for kicks, now.

                    | |**Gm**

I've been feeling it since nineteen sixty six, now.

                    | |**Dm** | |

Might be over, now, but I feel it still.

                    |**F**

Ooh, I'm a rebel just for kicks, now.

                    |**Gm**

Let me kick it like it's nineteen eighty six, now.

                    |**Dm** |

Might be over now, but I feel it still.

Verse 2

N.C.   ‖**Dm** | |
Got another mouth to feed.

F |
Leave it with a babysitter;

                  |**Gm** |
Mama, call the grave digger.

                  |**Dm**
Gone with the fallen leaves.

    | ‖
Am I coming outta left field?

Chorus 2

N.C. | |**F**
   Ooh, I'm a rebel just for kicks, now.

         | |**Gm**
I've been feeling it since nineteen sixty six, now.

         | |**Dm** | |
Might've had your fill, but I feel it still.

       | |**F**
Ooh, I'm a rebel just for kicks, now.

        | |**Gm**
Let me kick it like it's nineteen eighty six, now.

      | |**Dm** |
Might be over now, but I feel it still.

Verse 3

                   ‖**B♭maj7**
We could fight a war for peace.

     |**Gm7** |
(Ooh, I'm a rebel just for kicks, now.)

Dm |
Give in to that easy living;

             |**B♭maj7**
Goodbye to my hopes and dreams,

   |**Gm7** |**Dm**
Start flipping for my enemies.

       | |**B♭maj7**
Or we could wait until the walls come down.

       |**Gm7**
(Ooh, I'm a rebel just for kicks, now.)

  |**Dm** |
It's time to give a little to the kids in the middle,

    |**B♭maj7** |**Gm7**
But, oh, until it falls,

           |**Dm7** | ‖
Won't bother me.

Bridge

B♭ |**Gm** |
(Is it coming? Is it coming?

Dm | |
Is it coming? Is it coming?

B♭ |**Gm** |**Dm** |**N.C.**   ‖
Is it coming? Is it coming back?)

Chorus 3

Dm |
      Ooh, I'm a rebel just for kicks.

      |**F** | |**Gm**
Yeah, your love is an abyss for my heart to eclipse, now.

      | |**Dm** | ‖
Might be over now, but I feel it still.

Chorus 4

Dm | |**F**
      Ooh, I'm a rebel just for kicks, now.

      | |**Gm**
I've been feeling it since nineteen sixty-six, now.

      | |**Dm** | |
Might be over, now, but I feel it still.

      | |**F**
Ooh, I'm a rebel just for kicks, now.

      | |**Gm**
Let me kick it like it's nineteen eighty-six, now.

      | |**Dm**
Might be over now, but I feel it still.

      | | ‖
Might have had your fill, but you feel it still.

Fight Song

Words and Music by Rachel Platten
and Dave Bassett

C   Am   F   G   Am7

Verse 1

C
Like a small boat on the o - cean

Sending big waves into mo - tion.

|Am |F
Like how a single word can make a heart o - pen,

|C
I might only have one match that I can make an ex - plosion.

Pre-Chorus 1

‖C   F
And all those things I didn't say

|Am   Am7
Were wrecking balls inside my brain,

|C   F
And I will scream 'em aloud to - night.

|G
Can you hear my voice this time?

Chorus 1

‖C
This is my fight song,

|G
Take back my life song,

|Am |F
Prove I'm al - right song.

|C
My power's turned on.

|G
Starting right now, I'll be strong.

|Am
I'll play my fight song.

|F |Am   G
And I don't really care if nobody else be - lieves

|N.C. |C   ‖
'Cause I've still got a lot of fight left in me.

Verse 2

```
Am                                          |
Losin' friends and I'm chasin' sleep.
F                               |C
Ev'rybody's worried 'bout me, in too deep,
        |G
Say I'm in too deep. (In too deep.)
        |Am
It's been two years. I miss my home,
              |F
But there's a fire burnin' in my bones.
 |C                    |G
I still believe, yeah, I still believe.
```

Pre-Chorus 2   *Repeat Pre-Chorus 1*

Chorus 2

```
              ‖C
This is my fight song,
                  |G
Take back my life song,
              |Am       |F
Prove I'm al - right song.
              |C
My power's turned on.
                      |G
Starting right now, I'll be strong.
        |Am
I'll play my fight song.
  |F                            |Am   G
And I don't really care if nobody else be - lieves
        |F                        |Am       |F
'Cause I've still got a lot of fight left in me.
                      |C           |G            |
A lot of fight left in me.
```

Verse 3

     ‖ **C** |

Like a small boat on the o - cean

        | |

Sending big waves into motion.

      G | **Am** | **F**

Like how a single word can make a heart open.

       | **C** | **G**

I might only have one match,

         | **N.C.**

But I can make an ex - plosion.

Chorus 3

     ‖ **C**

This is my fight song,

      | **G**

Take back my life song,

     | **Am** | **F**

Prove I'm al - right song.

      | **C**

My power's turned on.

       | **G**

Starting right now, I'll be strong.

     | **Am**

I'll play my fight song.

   | **F** | **C**

And I don't really care if nobody else be - lieves

   | **G** | **Am**

'Cause I've still got a lot of fight left in me.

   | **F** | **C**   ‖

No, I've still got a lot of fight left in me.

Happy

from DESPICABLE ME 2

Words and Music by
Pharrell Williams

F7   Bb   C   Dbmaj7   Cm7

Intro |F7 ||

Verse 1

F7 N.C. | |F7 Bb C| Bb |F7
      It might be crazy what I'm 'bout to say.

N.C. | |F7 Bb C| Bb
Sunshine, she's here; you can take a break.

  |F7 N.C. | |F7 Bb C| Bb
I'm a   hot air balloon that could go to space

    |F7 N.C. | |F7 Bb C|
With the air   like I don't care, baby, by the way.

Chorus 1

Bb ||Dbmaj7
(Because I'm happy.)

    |Cm7 | |F7
Clap along if you feel like a room without a roof.

    |Dbmaj7
(Because I'm happy.)

    |Cm7 | |F7
Clap along if you feel like happiness is the truth.

    |Dbmaj7
(Because I'm happy.)

    |Cm7 | |F7
Clap along if you know what happiness is to you.

    |Dbmaj7
(Because I'm happy.)

    |Cm7 | |F7 ||
Clap along if you feel like that's what you wanna do.

Verse 2

F7 N.C. | |F7 Bb C | Bb |F7
       Here come bad news, talkin' this and that.

    N.C. | |F7 Bb C | Bb |F7
Well, gimme all you got and don't hold it back.

    N.C. | |F7 Bb C | Bb |F7
Well, I should prob'bly warn you: I'll be just fine.

N.C. | |F7
No offense to you, don't waste your time.

Bb   C
  Here's why:

Chorus 2

Repeat Chorus 1

Bridge 1

N.C. | | |
   Bring me down, can't nothin' bring me down;

          |
Your love is too high.

       | | |
Bring me down, can't nothin' bring me down.

         |
(Let me tell you now.)

       | | |
Bring me down, can't nothin' bring me down;

         |
Your love is too high.

       | | |
Bring me down, can't nothin' bring me down.

I said…

Chorus 3

           ‖Dbmaj7
(Because I'm happy.)

         |Cm7 | |F7
Clap along if you feel like a room without a roof.

         |Dbmaj7
(Because I'm happy.)

         |Cm7 | |F7
Clap along if you feel like happiness is the truth.

         |Dbmaj7
(Because I'm happy.)

         |Cm7 | |F7
Clap along if you know what happiness is to you.

         |Dbmaj7
(Because I'm happy.)

         |Cm7 | |F7
Clap along if you feel like that's what you wanna do.

Chorus 4

‖**D♭maj7**
(Because I'm happy.)

|**Cm7** | |**F7**
Clap along if you feel like a room without a roof.

|**D♭maj7**
(Because I'm happy.)

|**Cm7** | |**F7**
Clap along if you feel like happiness is the truth.

|**D♭maj7**
(Because I'm happy.)

|**Cm7** | |**F7**
Clap along if you know what happiness is to you.

|**D♭maj7**
(Because I'm happy.)

|**Cm7** | |**F7** ‖
Clap along if you feel like that's what you wanna do.

Bridge 2

N.C. | | |
Bring me down, can't nothin' bring me down;

|
Your love is too high.

| | |
Bring me down, can't nothin' bring me down.

I said…

Chorus 5

‖**D♭maj7**
(Because I'm happy.)

|**Cm7** | |**F7**
Clap along if you feel like a room without a roof.

|**D♭maj7**
(Because I'm happy.)

|**Cm7** | |**F7**
Clap along if you feel like happiness is the truth.

|**D♭maj7**
(Because I'm happy.)

|**Cm7** | |**F7**
Clap along if you know what happiness is to you.

|**D♭maj7**
(Because I'm happy.)

|**Cm7** | |**F7**
Clap along if you feel like that's what you wanna do.

Outro-Chorus

Repeat Chorus 4 ·

Havana

Words and Music by Camila Cabello,
Louis Bell, Pharrell Williams,
Adam Feeney, Ali Tamposi,
Brian Lee, Andrew Wotman,
Brittany Hazzard, Jeffery Lamar Williams
and Kaan Gunesberk

Gm   Eb   D7

Intro | Gm Eb D7 | | Gm Eb D7 |

Chorus 1
|| Gm   Eb D7 |
Ha - vana, ooh, na, na.
              | Gm   Eb D7 |
Half my heart is in Ha - vana, ooh, na, na.
                      | Gm   Eb D7 |
He took me back to East At - lanta, na, na, na.
                  | Gm
Ah, but my heart is in Ha - vana,
      Eb   D7 | N.C.
There's something 'bout his   manners.

Havana, ooh, na, na.

Verse 1

```
‖Gm                      Eb              D7 │
```
He didn't walk up with that "How you do - ing?"

(When he came in the room.)
```
│Gm                  Eb      D7 │
```
He said there's a lot of girls I can do with.

(But I can't without you.)
```
│Gm          Eb      D7 │
```
I'm doing forever in a minute.

(That summer night in June.)
```
│Gm              Eb      D7 │
```
And Papa says he got malo in him.
```
                      │Gm  Eb  D7 │
```
He got me feeling like, ooh.
```
                  │Gm
```
I knew it when I met him,
```
 Eb              D7 │
```
I loved him when I   left him.
```
                  │Gm  Eb  D7 │
```
Got me feeling like, ooh.
```
                  │Gm        Eb      D7 │ N.C.
```
And then I had to tell him I had to go,

Oh, na, na, na, na, na.

Chorus 2

```
‖Gm              Eb  D7 │
```
Ha - vana, ooh, na, na.
```
                  │Gm              Eb  D7 │
```
Half my heart is in Ha - vana, ooh, na, na.
```
                      │Gm              Eb  D7 │
```
He took me back to East At - lanta, na, na, na.
```
                  │Gm
```
Ah, but my heart is in Ha - vana,
```
    Eb          D7 │
```
My heart is in Ha - vana,
```
                  ‖
```
Havana, ooh, na, na.

Bridge

N.C. | |
       Jeffrey, just graduated, fresh on campus, mmm.

                    | |
Fresh out East At - lanta with no manners, damn.

Gm   **E♭**
Fresh out East At - lanta.

          D7 | |**Gm**
Bump on her bumper like a traffic jam.

       E♭   **D7** | |
Hey,   I was quick to pay that girl like Uncle Sam.

 N.C.   **E♭**   **D7** |
(Here you go, ay.) Back it on me, shawty cravin' on me.

                     |**Gm**
Get to diggin' on me.

              E♭
She waited on me. (Then what?)

      D7 |
Shawty cakin' on me, got the bacon on me.

      |**Gm**   **E♭**   **D7** |
(Wait up.) This is hist'ry in the makin' on me. (On me.)

                   |**Gm**
Point-blank, close range, that be.

         E♭ |**D7**
If it cost a million, that's me. (That's me.)

 N.C.
(That's me.)I was gettin' moola, man, they feel me.

Chorus 3

      ‖ **Gm**   **E♭** **D7** |
Ha - vana, ooh, na, na.

               |**Gm**   **E♭** **D7** |
Half my heart is in Ha - vana, ooh, na, na.

                   |**Gm**   **E♭** **D7** |
He took me back to East At - lanta, na, na, na.

                   |**Gm**
Ah, but my heart is in Ha - vana,

    E♭   **D7** |
My heart is in Ha - vana,

          ‖
Havana, ooh, na, na.

Interlude 1

‖: **Gm**   **E♭**
  Ooh, na, na, na,
          D7 |
Ooh, na, na, na.

                           |

Take me back, back, back.
Gm   **E♭**
Ooh, na, na, na,
          D7 |
Ooh, na, na, na.

                           :‖

Take me back, back, back.

Instrumental

‖: **Gm** **E♭** **D7** | :‖

Interlude 2

Gm   **E♭** **D7** | |
Ooh.
Gm   **E♭** **D7** |
Ooh.

Chorus 4

Repeat Chorus 2

Outro

Gm **E♭**   **D7** | |**Gm** **E♭**
          Ooh, na, na, na.
          D7 | |**Gm** **E♭**
Ooh, na, na, na.
          D7 | |**Gm** **E♭**
Ooh, na, na, na.
          D7 |**N.C.**
Ooh, na, na, na.
               | ‖
Havana, ooh, na, na.

Home

Words and Music by Greg Holden
and Drew Pearson

C   Csus4   Am7   F   G   Am

Intro   ‖: C | | Csus4 | :‖

Verse 1
```
       C        |          | Csus4
Hold on
       |        | C        |          | Csus4     |
To me as we go,
       |        | C        |          | Csus4
As we roll down
       |        | C        |          | Csus4     |
This unfamiliar road.
                | Am7      |          | F
And although this wave
       |        | C        |          | Csus4     |
Is stringing us a - long,
       | C    G |
Just know you're
F    C | Am     |          |
Not a - lone
                | F    C   |
'Cause I'm gonna make this
G      | C      |          |          |          ‖
Place your home.
```

Chorus 1

```
C              |Csus4    |
Settle down,
          |C   |       |Csus4   |       |
It'll all be clear.
C              |Csus4
Don't pay no mind to the demons;
     |           |C        |         |Csus4   |
They fill you with fear.
        |Am7    |            |F        |
The trouble, it might drag you down.
           |C        |        |G        |
If you get lost, you can always be found.
      |C    G    |
Just know you're
Am  G  |Am      |         |
Not  a - lone,
                    |F    C  |
'Cause I'm gonna make this
G        |C      |        |         |        |
Place your home.
```

Bridge

```
‖: F      |         |C       |         |
    Ooh.
Am       |         |G        |         |
Ooh.
F        |         |C        |         |
Ooh.
G        |         |         |        :‖ Play 3 times
Ooh.
```

Chorus 2   *Repeat Chorus 1*

Outro-Bridge

‖: **F** | |**C** | |
    Ooh.

Am | |**G** | |
Ooh.

F | |**C** | |
Ooh.

G | | | :‖
Ooh.

F | |**C** | |
Ooh.

Am | |**G** | |
Ooh.

F | |**C** | |
Ooh.

G   ‖
Ooh.

One Call Away

Words and Music by Charlie Puth,
Justin Franks, Breyan Isaac,
Matt Prime, Blake Anthony Carter
and Maureen McDonald

Chorus 1

‖**C   G** |**Am7**
I'm only one call away,

     |**F   C** |**G**
I'll be there to save the day.

   |**C   G** |**Am7**
Superman got nothing on me,

  |**F G7sus4**|**C**   ‖
I'm only one call away.

Verse 1

Am   **G**
  Call me, baby,

 |**C**   **F** |**Am**
If you need a friend.

   G |**C**
I just wanna give you love.

   F |**Am**
Come on, come on, come on.

   G |**C** **F**
Reaching out to you, so take a chance.

 | |**G**
No matter where you go, know you're not alone.

Chorus 2   *Repeat Chorus 1*

Verse 2
```
Am        G
  Come along with me
 |C      F   |Am
And don't be scared.
   G          |C
I just wanna set you free.
   F                |Am
Come on, come on, come on.
   G           |C F
You and me can make it anywhere.
 |Am       G          |C    F
But for now, we can stay here for a while
     |Am       G         |C   F
'Cause you know, I just wanna see you smile.
 |                    |G
No matter where you go, you know you're not alone.
```

Chorus 3
```
     ‖C   G     |Am7
I'm only one call away,
         |F    C   |G
I'll be there to save the day.
     |C   G        |Am7
Superman got nothing on me,
   |F   G7sus4 |C
I'm only one call away.
```

Bridge

      ‖F Am |G
And when you're weak, I'll be strong.

     |F Am |G
I'm gonna keep holding on.

      |F   Am |G
Now, don't you worry, it won't be long, darling.

     |F |G7sus4
When you feel like hope is gone, just run into my arms.

Chorus 4

      ‖C G |Am7
I'm only one call away,

       |F C |G
I'll be there to save the day.

       |C E7 |Am
Superman got nothing on me,

      |F
I'm only one,

Outro-Chorus

      ‖G7sus4 |C
I'm only one

G |Am7
Call away,

       |F C |G
I'll be there to save the day.

       |C G |Am7
Superman got nothing on me,

      |F G7sus4 |C
I'm only one call away.

   C+ |F G7sus4 |C   ‖
I'm only one call away.

House of Gold

Words and Music by
Tyler Joseph

C*   C   F   Am   G   A7   Dm   B♭m

Intro

|C* | | |

Verse 1

‖C* |
She asked me, "Son, when I grow old,

         | |
Will you buy me a house of gold?

         | |
And when your father turns to stone,

         | |
Will you take care of me?"

Verse 2

‖C |F
She asked me, "Son, when I grow old,

   |Am |G
Will you buy me a house of gold?

   |C |F
And when your father turns to stone,

   |C   G |C   ‖
Will you take care of me?"

Chorus 1

F |A7 |
I will make you

Dm |B♭m |F
Queen of ev'rything you see.

                        |C
I'll put you on the map,

                  |F |C
I'll cure you of disease.

Verse 3

```
        ‖C              |F
Let's say we up and left this town,
    |Am              |G
And turned our future upside down.
    |C              |F
We'll make pretend that you and me
    |C   G  |C          |
Lived ever after happily.
```

Verse 4   *Repeat Verse 2*

Chorus 2

```
F    |A7         |
I will make you
Dm     |B♭m          |F
Queen of ev'rything you see.
                        |C
I'll put you on the map,
                      |F           |
I'll cure you of disease.
C                  ‖
Oh, and…
```

Verse 5

```
C                    |F
Since we know that dreams are dead
    |Am              |G            |
And life turns plans up - on their head,
C            |F
I will plan to be a bum,
    |C   G      |C          |
So I just might be - come someone.
```

Verse 6   *Repeat Verse 2*

Outro-Chorus

```
F    |A7         |
I will make you
Dm     |B♭m          |F
Queen of ev'rything you see.
                    |C
I'll put you on the map,
                      |F          ‖
I'll cure you of disease.
```

How Far I'll Go
from MOANA

Music and Lyrics by
Lin-Manuel Miranda

F   Gm7   Dm   B♭   C   B♭m6

Verse 1

  F   **|Gm7**
I've been staring at the edge of the water

                |Dm   **|B♭**
As long as I can re - member, never really knowing why.

  F   **|Gm7**
I wish I could be the perfect daughter,

                  |Dm   **|B♭**
But I come back to the water no matter how hard I try.

Pre-Chorus 1

     ‖ Dm
Ev'ry turn I take, ev'ry trail I track,

    |C
Ev'ry path I make, ev'ry road leads back

     |F
To the place I know where I cannot go,

      |B♭m6
Where I long to be.

Chorus 1

     ‖ F
See the line where the sky meets the sea,

    |C   **|Dm**   **|B♭**
It calls me, and no one knows how far it goes.

     |F   **|C**
If the wind in my sail on the sea stays be - hind me,

      |Dm
One day I'll know.

   |B♭m6   **‖**
If I go, there's just no telling how far I'll go.

Interlude

  F   **|C**
Oh, oh, oh, oh, oh, oh, oh, oh, oh, oh,

Dm   **|B♭**   **‖**
Oh, oh, oh, oh, oh, oh, oh, oh, oh, oh.

Verse 2

    F   **|Gm7**
I know ev'rybody on this island

                   |Dm
Seems so happy on this island.

             |B♭   **|**
Ev'rything is by design.

    F   **|Gm7**
I know ev'rybody on this island

               |Dm
Has a role on this island,

               |B♭
So maybe I can roll with mine.

Pre-Chorus 2

             |Dm
I can lead with pride, I can make us strong.

        |C
I'll be satisfied if I play along,

        |F
But the voice inside sings a diff'rent song.

       |B♭m6   **|**
What is wrong with me?

Chorus 2

          ‖F
See the light as it shines on the sea:

          |C   **|Dm**   **|B♭**
It's blind - ing, but no one knows how deep it goes.

         |F
And it seems like it's calling out to me,

         |C   **|Dm**
So come find me and let me know.

         |B♭m6
What's be - yond that line? Will I cross that line?

Chorus 3

          ‖F
The line where the sky meets the sea,

          |C   **|Dm**   **|B♭**
It calls me, and no one knows how far it goes.

         |F   **|C**
If the wind in my sail on the sea stays be - hind me,

         |Dm   **|B♭m6**   **|**   **|F**   **|**   **|**   **‖**
One day I'll know how far I'll go!

Let It Go
from FROZEN

Music and Lyrics by Kristen Anderson-Lopez
and Robert Lopez

Am   Fmaj7   G   Dsus4   Dm   D

F   C   Em   E♭   A   Fm

Intro

|**Am**　　|**Fmaj7**　　|**G**　　　|**Dsus4 Dm** |
|**Am**　　|**Fmaj7**　　|**G**　　　|**Dsus4 D**

Verse 1

　　　　‖**Am**　　　　|**Fmaj7**
The snow glows white on the mountain tonight,
　　　|**G**　　　|**Dsus4 Dm**
Not a footprint to be seen.
　|**Am**　　　|**Fmaj7**
A kingdom of isola - tion,
　　|**G**　　　　　|**Dsus4　D** |**Am**
And it looks like I'm the queen.
　　　　　　|**Fmaj7**　　　|**G**　　　|**Dsus4 Dm** |**Am**
The wind is howl - ing like this swirl - ing storm in - side.
　　　　　　G |　　　|**D**　　|　　‖
Couldn't keep it in, heaven knows I tried.

Pre-Chorus 1

```
G                          |                    |F
        Don't let them in, don't let them see.
                           |                 |G
Be the good girl you always have to be.
                           |                 |F          |
Conceal, don't feel, don't let them know.
              |          |
Well, now they know.
```

Chorus 1

```
           ‖C      |G
Let it go, let it go,
     |Am                  |F
Can't hold it back anymore.
         |C      |G
Let it go, let it go,
              |Am          |F          |
Turn away and slam the door.
C        |G              |Am        |F
I don't care what they're going to say,
              |Em          |E♭
Let the storm rage on.
         |F                   |          |C      |G         ‖
The cold never bothered me an - yway.
```

Verse 2

```
Am                        |F
      It's funny how some dis - tance
         |G                  |Dm
Makes ev'rything seem small,
         |Am                     |G
And the fears that once controlled me
         |Dsus4      |D        ‖
Can't get to me at all.
```

Pre-Chorus 2

```
           G                    |F
              It's time to see what I can do,
                       |                   |G
To test the lim - its and break through.
                          |              |F
No right no wrong, no rules for me.
           |           |
I'm free!
```

Chorus 2

```
           ‖C       |G
Let it go, let it go,
     |Am                    |F
I am one with the wind and sky.
         |C       |G
Let it go, let it go,
              |Am         |F         |
You'll nev - er see me cry.
C      G   |
Here I stand
    |Am     F   |
And here I'll stay,
          |Em       E♭ |            ‖
Let the storm rage on.
```

Interlude

```
        ‖: F        |            :‖
```

46

Bridge

F |
      My power flur - ries

            | | |
Through the air into the ground.

            |
My soul is spi - raling

    | | |**G**
In fro - zen fractals all around.

            | | | |**A**
And one thought crys - tallizes like an icy blast:

      |**Fmaj7**
I'm never go - ing back,

 |**G** |**Dm** |**F**
The past is in the past!

Chorus 3

    ‖**C** |**G**
Let it go, let it go,

      |**Am** |**F**
And I'll rise like the break of dawn.

   |**C** |**G**
Let it go, let it go,

      |**Am** |**F** |
That per - fect girl is gone.

C   **G** |
Here I stand

    |**Am** **F** | |**Fm**
In the light of day,

    |**Em**   **E♭**| |
Let the storm rage on.

  |**F** | ‖
The cold never bothered me an - yway.

Perfect

Words and Music by
Ed Sheeran

F   Dm   Bb   C   Csus4

Verse 1

‖**F** |**Dm**
I found a love for me.

|**Bb** |**C**
Darling, just dive right in, follow my lead.

|**F** |**Dm**
Well, I found a girl, beauti - ful and sweet.

|**Bb** |**C**
Well, I never knew you were the someone waiting for me.

Pre-Chorus 1

N.C.   ‖**F**
'Cause we were just kids when we fell in love,

|**Dm**
Not knowing what it was.

|**Bb** |**F**   **C**
I will not give you up this time.

|**F** |**Dm**
Darling, just kiss me slow, your heart is all I own.

|**Bb** |**C**   **Csus4**
And in your eyes, you're holding mine.

Chorus 1

```
       C     ‖Dm  B♭              |F
Baby, I'm   dancing in the dark
            C              |Dm
With you between my arms.
B♭                |F
Barefoot on the grass
C                |Dm
Listening to our fav'rite song.
            B♭              |F
When you said you looked a mess,
                C              |Dm
I whispered underneath my breath.
            B♭
But you heard it,
            |F         C              |F  C  Dm  C |B♭    C
"Darling, you look perfect tonight."
```

Verse 2

```
                        ‖F                    |Dm
Well, I found a woman, stronger than anyone I know.
                    |B♭                              |C
She shares my dreams; I hope that someday I'll share her home.
            |F            |Dm
I found a love to carry more than just my secrets,
            |B♭                        |C
To carry love, to carry children of our own.
```

Pre-Chorus 2

```
                                ‖F
We are still kids, but we're so in love,
            |Dm
Fighting against all odds.
            |B♭              |F   C
I know we'll be all right this time.
            |F
Darling, just hold my hand.
                |Dm
Be my girl, I'll be your man.
                |B♭              |C  Csus4
I've seen my future in your eyes.
```

| | C   ‖Dm Bb |F
Chorus 2
Baby, I'm dancing in the dark
        C |Dm
With you between my arms.
Bb |F
Barefoot on the grass
C |Dm
Listening to our fav'rite song.
        Bb |F
When I saw you in that dress,
        C |Dm   Bb
Looking so beautiful, I don't deserve this.
        |F   C   ‖
"Darling, you look perfect tonight."

Interlude |F |Dm |Bb |C

        ‖Dm Bb |F
Chorus 3
Baby, I'm dancing in the dark
        C |Dm
With you between my arms.
Bb |F
Barefoot on the grass
C |Dm
Listening to our fav'rite song.
        Bb |F
I have faith in what I see.
        C |Dm   Bb
Now I know I have met an angel in person,
|F   C
And she looks perfect.
|Bb |C   ‖
I don't deserve this, you look perfect tonight.

Outro |F C Dm C |Bb   C |F   ‖

Pompeii

Words and Music by
Dan Smith

F   C   Am   G

Intro

‖ **F**
Eh, eh, oh, eh, oh.
| **C**
Eh, eh, oh, eh, oh.
| **Am**
Eh, eh, oh, eh, oh.
| **G**
Eh, eh, oh, eh, oh.
| **F**
Eh, eh, oh, eh, oh.
| **C**
Eh, eh, oh, eh, oh.
| **Am**
Eh, eh, oh, eh, oh.
| **G**   ‖
Eh, eh, oh, eh, oh.

Verse 1

F | **C** | **Am** **G** |
I was left to my own devi   - ces.
F | **C** | **Am** | **G**
Many days fell away with nothing to show.

Pre-Chorus 1

```
           ‖F                  |C
And the walls kept tumbling down
                   |Am          |G
In the city that we love.
   |F                  |C
Great clouds roll over the hills
                       |Am        |G       |
Bringing darkness from a - bove.
```

Chorus 1

```
N.C.               ‖F
But if you close your eyes,
         |C              |Am              |G
Does it al - most feel like noth - ing changed at all?
                    |F
And if you close your eyes,
         |C              |Am              |G
Does it al - most feel like you've been here before?
       |F          Am        |G
How 'm I gonna be an optimist a - bout this?
       |F          Am        |G       ‖
How 'm I gonna be an optimist a - bout this?
```

Verse 2

```
F               |C
We were caught up and lost
   |Am      |G      |
In all of our vices.
F            |
In your pose,
C        |Am      |G
Is the dust settled around us?
```

Pre-Chorus 2

Repeat Pre-Chorus 1

Chorus 2

Repeat Chorus 1

Interlude

F
   Eh, oh, eh, oh.
|C
Eh, eh, oh, eh, oh.
 |Am
Eh, eh, oh, eh, oh.
 |G
Eh, eh, oh, eh, oh.

Bridge

‖F |C
Oh, where do we begin?
  |Am |G
The rubble or our sins?
 |F |C
Oh, where do we begin,
  |Am |G
The rubble or our sins?

Pre-Chorus 3

Repeat Pre-Chorus 1

Chorus 3

N.C.   ‖F
But if you close your eyes,
       |C |Am |G
Does it al - most feel like noth - ing changed at all?
           |F
And if you close your eyes,
     |C |Am |G
Does it al - most feel like you've been here before?
  |F   Am |G
How 'm I gonna be an optimist a - bout this?
  |F   Am |G |
How 'm I gonna be an optimist a - bout this?
         |F
If you close your eyes,
     |C |Am |G
Does it al - most feel like noth - ing changed at all?

Outro

Repeat Intro

Remember Me
(Ernesto de la Cruz)
from COCO

Words and Music by Kristen Anderson-Lopez
and Robert Lopez

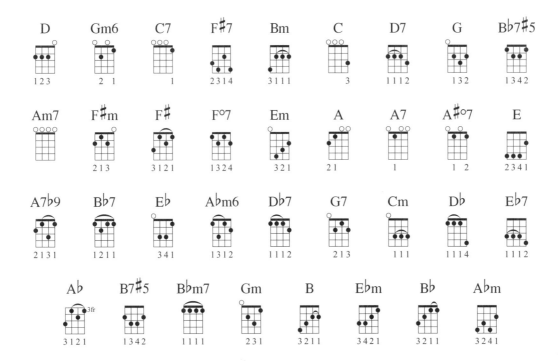

Verse 1

‖**D** |**Gm6**
Remember me, though I have to say goodbye.

|**D** |**C7**   **F♯7**
Remember me, don't let it make you cry.

|**Bm** |**C**   **D7**
For even if I'm far away, I hold you in my heart.

|**G** |**B♭7♯5**
I sing a secret song to you each night we are apart.

|**D** |**Gm6**
Remember me, though I have to travel far.

|**D** |**Am7**   **D7** |
Remember me each time you hear a sad gui - tar.

G |**F♯m** **F♯** **Bm** **F°7** |**Em**
Know that I'm with you the only way that I can be.

|**A** |**D**   **A** ‖
Until you're in my arms a - gain, remember me.

Guitar Solo

D		G	A		D		G		A7 A#°7
Bm		D7		E		A		
A7♭9			

Verse 2

B♭7   ‖E♭ |A♭m6
    Remember me, though I have to say goodbye.
        |E♭ |D♭7   G7
Remember me, don't let it make you cry.
  |Cm |D♭   E♭7
For even if I'm far away, I hold you in my heart.
 |A♭ |B7#5
I sing a secret song to you each night we are apart.
      |E♭ |A♭m6
Remember me, though I have to travel far.
      |E♭ |B♭m7   E♭7 |
Remember me each time you hear a sad gui - tar.
A♭ |Gm   G   Cm B |
Know that I'm with you the only way that I can be.
             B♭
Until you're in my arms a - gain,
E♭m B   A♭m |N.C. |E♭   ‖
Re - mem - ber me.

Rewrite the Stars

from THE GREATEST SHOWMAN

Words and Music by Benj Pasek
and Justin Paul

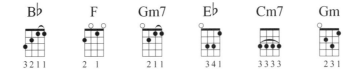

Bb   F   Gm7   Eb   Cm7   Gm

Verse 1

N.C. | |
You know I want you.

      | |**Bb**
It's not a secret I try to hide.

      | |
I know you want me,

      | |**F**
So don't keep sayin' our hands are tied.

      |**Gm7**
You claim it's not in the cards

      |**Eb**
And fate is pulling you miles away

   | |**F**
And out of reach from me.

      |**Gm7**
But you're here in my heart,

      |**Eb**
So who can stop me if I decide

   | | |
That you're my destiny?

Chorus 1

‖ **Gm7** |**Eb**
What if we rewrite the stars?

|**Bb** |**F**
Say you were made to be mine?

|**Gm7** |**Eb**
Nothing could keep us apart.

|**Bb** |**F**
You'd be the one I was meant to find.

|**Gm7** |**Eb**
It's up to you and it's up to me.

|**Bb** |**F**
No one can say what we get to be.

|**Gm7** |**Eb**
So why don't we rewrite the stars?

|**Bb** |**F** ‖
Maybe the world could be ours tonight.

Interlude 1

Bb |**Cm7** |**Gm** |**F** ‖

Verse 2

Bb | |
You think it's easy?

| |
You think I don't want to run to you?

| |
But there are mountains,

| |**F**
And there are doors that we can't walk through.

|**Gm7**
I know you're wonderin' why,

|**Eb** |
Because we're able to be just you and me

|**F**
Within these walls.

|**Gm7**
But when we go outside

|**Eb**
You're gonna wake up and see

| | |
That it was hope - less after all.

57

Chorus 2

‖**Gm7** |**E♭**
No one can rewrite the stars.
     |**B♭** |**F**
How can you say you'll be mine?
   |**Gm7** |**E♭**
Ev'rything keeps us apart
       |**B♭** |**F**
And I'm not the one you were meant to find.
       |**Gm7**
It's not up to you.
       |**E♭**
It's not up to me,
      |**B♭** |**F**
When ev'ryone tells us what we can be.
    |**Gm7** |**E♭**
How can we rewrite the stars,
    |**B♭** |**F**   ‖
Say that the world can be ours tonight?

Bridge

Gm |**E♭** |**B♭**
All I want is to fly with you.
      |**F** |**Gm**
All I want is to fall with you.
     |**Dm** |**E♭**
So just give me all of you.
      | |
It feels impossible
      It's not impossible.
          Is it impossible?
     | |
Say that it's possible.

Chorus 3

‖ **Gm7** |**E♭**
How do we rewrite the stars?

|**B♭** |**F**
Say you were made to be mine?

|**Gm7** |**E♭**
Nothing can keep us apart

|**B♭**
'Cause you are the one

|**F**
I was meant to find.

|**Gm7** |**E♭**
It's up to you and it's up to me.

|**B♭** |**F**
No one can say what we get to be.

|**Gm7** |**E♭**
Why don't we rewrite the stars

|**B♭** |**F** ‖
Changin' the world to be ours?

Interlude 2

B♭ | | | ‖

Outro-Verse

B♭ | |
You know I want you.

| |
It's not a secret I try to hide.

| |
But I can't have you.

N.C. | ‖
We're bound to break and my hands are tied.

Roar

Words and Music by Katy Perry,
Max Martin, Dr. Luke,
Bonnie McKee and Henry Walter

Bb   Cm   Gm   Eb
3211 333   231   341

Intro

Bb | ||

Verse 1

Bb
    I've used to bite my tongue and hold my breath,
Cm |Gm
Scared to rock the boat and make a mess.
    | Eb ||
So I sat quietly, agreed po - litely.

Verse 2

Bb
    I guess that I forgot I had a choice.
Cm |Gm
I let you push me past the breaking point.
    | Eb
I stood for nothing, so I fell for ev'rything.

Pre-Chorus 1

||Bb
You held me down, but I got up, hey.
Cm
Already brushing off the dust.
|Gm |
You hear my voice, you hear that sound
Eb
Like thunder gonna shake the ground.
|Bb |
You held me down, but I got up, hey.
Cm
Get ready 'cause I've had enough.
|Gm |
I see it all, I see it now.

Chorus 1

        E♭   **‖B♭**
I got the eye of the ti - ger,

       | **Cm**
A fighter, danc - ing through the fire.

    |**Gm**
'Cause I am a champion

   | **E♭** |**B♭**
And you're gonna hear me roar.

          | **Cm**
Louder, loud - er than a lion

    |**Gm**
'Cause I am a champion

   | **E♭** |**B♭** |
And you're gonna hear me roar. Oh.

  Cm |**Gm** |
Oh,   oh.

         E♭ |**B♭**   ‖
You're gonna hear me roar.

Verse 3

B♭ |
    Now I'm floatin' like a butterfly.

        Cm |**Gm**
Stingin' like a bee, I earned my stripes.

        | **E♭**
I went from zero to my own hero.

Pre-Chorus 2   *Repeat Pre-Chorus 1*

Chorus 2

      E♭   ‖ **B♭**
I got the eye of the ti - ger,

      | **Cm**
A fighter, danc - ing through the fire.

    |**Gm**
'Cause I am a champion

   | **E♭** |**B♭**
And you're gonna hear me roar.

         | **Cm**
Louder, loud - er than a lion

    |**Gm**
'Cause I am a champion

   | **E♭** |**B♭** |
And you're gonna hear me roar. Oh.

  Cm |**Gm** |
Oh,   oh.

        E♭ |**B♭**
You're gonna hear me roar. Oh.

  Cm |**Gm** |
Oh,   oh.

        E♭ |**B♭** | **Cm** |**Gm** |**F**
You're gonna hear me roar.

      | | |
Roar, oh, roar, oh, roar.

Chorus 3

N.C.   ‖ **B♭**
I got the eye of the ti - ger,

          | **Cm**
A fighter, danc - ing through the fire.

      |**Gm**
'Cause I am a champion

      | **E♭** |**B♭**
And you're gonna hear me roar.

        | **Cm**
Louder, loud - er than a lion

     |**Gm**
'Cause I am a champion

     | **E♭** |**B♭** |
And you're gonna hear me roar. Oh.

   Cm |**Gm** |
Oh,   oh.

        E♭ |**B♭** |
You're gonna hear me roar. Oh.

   Cm |**Gm** |
Oh,   oh.

       E♭ |**B♭**   ‖
You're gonna hear me roar.

Shake It Off

Words and Music by Taylor Swift
Max Martin and Shellback

Am   C   G

Verse 1

‖**Am** |
I stay out too late,

|**C** |
Got nothing in my brain.

|**G** |
That's what people say, mm, mm.

| |
That's what people say, mm, mm.

|**Am** |
I go on too many dates,

|**C** |
But I can't make 'em stay.

|**G** |
At least, that's what people say, mm, mm.

| |
That's what people say, mm, mm.

Pre-Chorus 1

‖**Am** |
But I keep cruising;

|**C**
Can't stop, won't stop moving.

|**G** | |
It's like I got this music in my mind saying,

|
"It's gonna be alright."

Chorus 1

‖**Am** |
'Cause the players gonna play, play, play, play, play

|**C** | |
And the haters gonna hate, hate, hate, hate, hate, baby.

G |
I'm just gonna shake, shake, shake, shake, shake;

| |
I shake it off, I shake it off. (Ooh, ooh!)

|**Am** |
Heart - breakers gonna break, break, break, break, break

|**C** | |
And the fakers gonna fake, fake, fake, fake, fake, baby.

G |
I'm just gonna shake, shake, shake, shake, shake;

| |
I shake it off, I shake it off. (Ooh, ooh!)

Verse 2

‖**Am** |
I never miss a beat,

|**C** |
I'm lightning on my feet.

|**G** |
And that's what they don't see, mm, mm.

| |
That's what they don't see, mm, mm.

|**Am** |
I'm dancing on my own;

|**C** |
I make the moves up as I go.

|**G** |
And that's what they don't know, mm, mm.

| |
That's what they don't know, mm, mm.

Pre-Chorus 2

‖**Am** |
But I keep cruising;

|**C**
Can't stop, won't stop grooving.

| |**G** | |
It's like I got this music in my mind saying,

|
"It's gonna be alright."

Chorus 2

Repeat Chorus 1

Bridge

```
‖Am                    |
```
I shake it off, I shake it off.

```
     |C                    |
```
I, I, I shake it off, I shake it off.

```
     |G                    |
```
I, I, I shake it off, I shake it off.

```
     |                     |
```
I, I, I shake it off, I shake it off. (Ooh, ooh!)

Interlude

```
              N.C.                 |
```
Spoken: Hey, hey, hey! Just think!

```
     |
```
While you've been gettin' down and out

```
       |                      |
```
About the liars and the dirty, dirty cheats of the world,

```
     |              |       |        |
```
You could've been gettin' down to the sick beat!

```
                          |
```
Rap: My ex-man brought his new girlfriend.

```
          |              |
```
She's like, "Oh my God!" But I'm just gonna shake.

```
         |                   |
```
And to the fella over there with the hella good hair,

```
        |
```
Won't you come on over, baby?

```
        |                |
```
We can shake, shake, shake.

Chorus 3   *Repeat Chorus 1*

Outro

```
‖Am                    |
```
I shake it off, I shake it off.

```
     |C                    |
```
I, I, I shake it off, I shake it off.

```
     |G                    |
```
I, I, I shake it off, I shake it off.

```
     |                     |
```
I, I, I shake it off, I shake it off. (Ooh, ooh.)

```
|Am                    |
```
I shake it off, I shake it off.

```
     |C                    |
```
I, I, I shake it off, I shake it off.

```
     |G                    |
```
I, I, I shake it off, I shake it off.

```
     |                |        |N.C.      ‖
```
I, I, I shake it off, I shake it off. (Ah.)

Something Just Like This

Words and Music by Andrew Taggart,
Chris Martin, Guy Berryman,
Jonny Buckland and Will Champion

G   A   Bm7   Bm   F#m   D   Asus4

132   21   1111   3111   213   123   12

Intro G   A |Bm7   A |G   A |Bm7

Verse 1
                                A   ‖G
I've have been read - ing books of old,
                    A |Bm7
The leg - ends and the myths.
                    A |G
Achil - les and his gold,
                        A |Bm7
Hercu - les and his gifts,
                    A |G
Spi - derman's con - trol
                        A |Bm7
And Bat - man with his fists.
A |G   A |Bm7
And clearly, I don't see myself upon that list.

Pre-Chorus 1
                                A   ‖G
And she said, "Where d'you wanna go?
                    A |Bm7
How much you wanna risk?
                        A |G   A |Bm7
I'm not look - ing for some - body with su - perhuman gifts,
                    A |G   A |Bm7
Some su - perhero, some fair - ytale bliss.
                    A |G   A |Bm7
Just some - thing I can turn to, somebod - y I can kiss.

Chorus 1

          A   ‖G
I want some - thing just like this.

          A |Bm7
Do, do, do, do, do, do,

          A |G
Do, do, do, do,

          A |Bm7
Do, do, do, do, do, do.

          A |G
Oh, I want some - thing just like this.

          A |Bm7
Do, do, do, do, do, do,

          A |G
Do, do, do, do,

          A |Bm7
Do, do, do, do, do, do.

          A |G   A |Bm7 A |G   A |Bm7
Oh, I want some - thing just like this.

          A |G   A |Bm7 A |G   A |Bm7
I want some - thing just like this."

Verse 2

          A   ‖G
I've been read - ing books of old,

          A |Bm7
The leg - ends and the myths,

          A |G
The tes - taments they told,

          A |Bm7
The moon and its e - clipse.

          A |G
Su - perman un - rolls a suit

A |Bm7 A
Before he lifts,

    |G   A |Bm7
But I'm not the kind of per - son that it fits.

Pre-Chorus 2

          A   ‖G
And she said, "Where d'you wanna go?

          A |Bm7
How much you wanna risk?

          A |G   A |Bm7
I'm not look - ing for some - body with su - perhuman gifts,

          A |G   A |Bm7
Some su - perhero, some fair - ytale bliss.

          A |G   A |Bm7
Just some - thing I can turn to, somebod - y I can kiss.

Chorus 2

```
                A          ‖G        A |Bm7  A |G    A |Bm7
```
I want some - thing just like this.
```
                A          |G        A |Bm7  A |G    A |Bm7
```
I want some - thing just like this."
```
                        A          |G
```
Oh, I want some - thing just like this.
```
              A          |Bm
```
Do, do, do, do, do, do,
```
              F♯m  |G
```
Do, do, do, do, do,
```
              A          |Bm
```
Do, do, do, do, do, do.
```
                       F♯m          |G
```
Oh, I want some - thing just like this.
```
              A          |Bm
```
Do, do, do, do, do, do,
```
              |F♯m  |G
```
Do, do, do, do,
```
              A          |Bm
```
Do, do, do, do, do, do.
```
              F♯m          ‖G
```

Pre-Chorus 3

Where d'you wanna go?
```
              A          |Bm
```
How much you wanna risk?
```
              F♯m          |G          A          |Bm
```
I'm not look - ing for some - body with su - perhuman gifts,
```
              F♯m |G          A |Bm
```
Some su - perhero, some fair - ytale bliss.
```
              F♯m          |G          A          |Bm
```
Just some - thing I can turn to, somebod - y I can kiss.
```
              F♯m                    ‖
```
I want some - thing just like this.

Outro

```
|G      A |Bm7      |G      D  |A  D  A |
|D   Asus4 |Bm       |G      D  |
A   D      A   |G          ‖
```
Oh, I want some - thing just like this.

A Sky Full of Stars

Words and Music by Guy Berryman,
Jon Buckland, Will Champion,
Chris Martin and Tim Bergling

Dm7   C7sus4   B♭maj7   F   Am7   B♭   C

Intro

‖:Dm7   C7sus4 |B♭maj7 |F |Am7   :‖

Verse 1

Dm7   C7sus4 |B♭maj7
   'Cause you're a sky,

     |F |Am7 |Dm7
'Cause you're a sky full of stars.

C7sus4 |B♭maj7 |F |Am7 |Dm7
I'm gonna give you my heart.

 C7sus4 |B♭maj7
'Cause you're a sky,

     |F |Am7 |Dm7   C7sus4
'Cause you're a sky full of stars.

    |B♭maj7 |F |Am7   ‖
'Cause you light up the path.

Chorus 1

Dm7   C7sus4 |B♭
   But I don't care;

    |F |Am7 |Dm7
Go on and tear me apart.

   C7sus4 |B♭ |F
But I don't care if you do,

      |Am7 |Dm7
Ooh, ooh, ooh.

C7sus4 |B♭maj7
'Cause in a sky,

    |F |Am7
'Cause in a sky full of stars

    |Dm7 C7sus4 |B♭ |F |Am7   ‖
I think I saw you.

Interlude   *Repeat Intro*

Verse 2

Dm7 C7sus4 |B♭maj7
    'Cause you're a sky,

      |F |Am7 |Dm7
'Cause you're a sky full of stars.

C7sus4 |B♭maj7 |F |Am7 |Dm7
I wanna   die in your arms.

C7sus4 |B♭maj7 |F |Am7 |Dm7
'Cause you get lighter the more it gets dark.

C7sus4 |B♭maj7 |F |Am7 ||
I'm gonna give you my heart.

Chorus 2

Dm7 C7sus4 |B♭
   But I don't care;

      |F |Am7 |Dm7
Go on and tear me apart.

   C7sus4 |B♭ |F
But I don't care if you do,

       |Am7 |Dm7
Ooh, ooh, ooh.

C7sus4 |B♭maj7
'Cause in a sky,

      |F |Am7
'Cause in a sky full of stars

        |Dm7 C7sus4 |B♭ |F |Am7
I think I see you.

        |Dm7 C7sus4 |B♭ |F | ||
I think I see you.

Interlude 2

||:Dm7 C7sus4 |B♭maj7 |F |Am7   :|| *Play 4 times*

||:B♭ |C |Dm7 | F :||

Bridge

B♭ |C
   'Cause you're a sky,

      |Dm7 |
You're a sky full of stars,

    F |B♭ |C |Dm7 |
Such a heavenly view.

      F |B♭ |C |Dm7 | F ||
You're such a heavenly view.

Outro

||:B♭ |C |Dm7 | :|| *Play 3 times*

|F ||

Stereo Hearts

Words and Music by Brandon Lowry,
Dan Omelio, Adam Levine,
Ammar Malik, Benjamin Levin,
Travis McCoy, Disashi Lumumba-Kasongo,
Matthew McGinley and Eric Roberts

Em   C   G   D   Bm   Gadd4

Chorus 1

```
       Em   C         |G
       My heart's a stereo,
                D      |Em
       It beats for you so listen close.
             C          |G        D  |Em
       Hear my thoughts in ev'ry note, oh oh.
             C      |G
       Make me your radio,
                D          |Em
       And turn me up when you feel low.
             C          |G
       This melo - dy was meant for you.
                D              |
       Just sing a - long to my stereo.
```

Gym class heroes, baby:

Verse 1

          N.C.   ‖ Em
Rap: If I was just another dusty record on the shelf,
C |G
Would you blow me off and play me like ev'rybody else?
       D |Em
If I ask you to scratch my back, could you manage that?
         C |G
Like yeah (scratched) check it, Travie, I can handle that.
         D |Em
Furthermore I apologize for any skippin' tracks.
            C |G
It's just the last girl that played me, left a couple cracks.
      D |Em
I used to used to used to used to, now I'm over that.
         C |G
'Cause holdin' grudges over love is ancient artifacts.
     D |Em
If I could only find a note to make you understand.
        C |G
I sing it softly in your ear and grab you by the hands.
       D |Em
Just keep me stuck inside your head, like your fav'rite tune.
       C |G   D   ‖
And know my heart's a stereo that only plays for you.

Chorus 2

Em   C |G
    My heart's a stereo,
         D |Em
It beats for you so listen close.
        C |G   D |Em
Hear my thoughts in ev'ry note, oh oh.
       C |G
Make me your radio,
         D |Em
And turn me up when you feel low.
        C |G
This melo - dy was meant for you.
        D   ‖
Just sing a - long to my stereo.

Interlude 1

G   **Bm** | |
Oh, oh, oh, oh, oh, oh.

Gadd4 |**C**
Oh, oh, oh,

             D |
Just sing a - long to my stereo.

Verse 2

         N.C.   ‖**Em**
Rap: If I was an old school fifty- pound boom-box,

C |**G**
Would you hold me on your shoulder wherever you walk?

D |**Em**
Would you turn my volume up in front of the cops,

     C |**G**   **D**
And crank it high or higher ev'ry time they told you to stop?

              |**Em**
And all I ask is that you don't get mad at me

C |**G**
When you have to purchase mad "D" batteries.

     D |**Em**
Appreciate ev'ry mix tape your friends make.

C |**G**   **D**
You never know, we come and go like on the interstate.

           |**Em**   **C**
I think I fin'lly found a note to make you understand.

           |**G**   **D**
If you can hit it, sing a - long and take me by the hand.

               |**Em**   **C**
Just keep me stuck inside your head, like your fav'rite tune.

           |**G**   **D**
You know my heart's a stereo that only plays for you.

Chorus 3   *Repeat Chorus 2*

Interlude 2

G   **Bm** | |
Oh, oh, oh, oh, oh, oh.
Gadd4 |**C**
Oh, oh, oh,
                  D   ‖
Just sing a - long to my stereo.

Bridge

Em   **C** |**G**   **D** |**Em**
  I only pray you'll never leave me behind,
                C |**G**   **D** |**Em**
Because good music can be so hard to find.
              C |**G**   **D** |**Em**
I'll take your head and hold it closer to mine,
               C |**G**   **D**   ‖
Thought love was dead, but now you're changin' my mind.

Chorus 4

Repeat Chorus 2

Interlude 3

G   **Bm** | |
Oh, oh, oh, oh, oh, oh.
Gadd4 |**C**
Oh, oh, oh,
                  D   **G** ‖
Just sing a - long to my stereo.

Story of My Life

Words and Music by Jamie Scott,
John Henry Ryan, Julian Bunetta,
Harry Styles, Liam Payne,
Louis Tomlinson, Niall Horan
and Zain Malik

Am   C   Csus4   F   G   G7   Dm

Intro   ‖: **Am** | | **C   Csus4** | **C**   :‖

Verse 1

Am
Written in these walls

| | **C   Csus4** | **C**
Are the stories that I can't ex - plain.

|**Am**
I leave my heart open,

| | **C   Csus4** | **C**
But it stays right here empty for days.

|**Am**
She told me in the mornin'

|**F** | **C   Csus4** | **C** |
She don't feel the same about us in her bones.

Am
Seems to me that when I die,

|**F** | **C   Csus4** | **C**
These words will be written on my stone.

Pre-Chorus 1

‖**F   G** |**Am**
And I'll be gone, gone tonight.

|**F   G** |**Am**
The ground beneath my feet is open wide,

|**F   G** |**Am**
The way that I've been holdin' on too tight

|**G** |**G7**
With nothin' in be - tween.

Chorus 1

```
                              ‖ C
The story of my life.

            |
I take her home.

    | F                    |
I drive all night to keep her warm

        | Am    | F    | C        | Csus4   C
And time is fro  -  zen.

            |
The story of my life.

        |
I give her hope.

    | F                    |                    | Am        | F
I spend her love un - til she's broke in - side.

                        | C              | Csus4   C      ‖
The story of my life.
```

Verse 2

```
            Am
Written on these walls

        |                    | C        Csus4   | C
Are the colors that I can't change.

    | Am
I leave my heart open,

        |                    | C    Csus4   | C
But it stays right here in its cage.

    | Am
I know that in the mornin'

        | F                    | C    Csus4   | C
Now I see a single light upon the hill.

        | Am
Al - though I am broken,

    | F              | C    Csus4   | C
My heart is untamed still.
```

Pre-Chorus 2

```
          ‖F    G        |Am
And I'll be gone, gone tonight.
                     |F        G       |Am
The fire beneath my feet is burn - in' bright,
                     |F        G       |Am
The way that I've been holdin' on so tight
                     |G            |G7
With nothin' in be - tween.
```

Chorus 2

```
          ‖C
The story of my life.
 |
I take her home.
 |F              |
I drive all night to keep her warm
   |Am   |F   |C      |Csus4   C
And time is fro - zen.
      |
The story of my life.
 |
I give her hope.
 |F             |            |Am      |F
I spend her love un - til she's broke in - side.
                   |C          |Csus4   C
The story of my life.
```

Bridge

```
           ‖Dm
And I'll be waitin'

       |              |G    Am   |G
For this time to come a - round,
           |Dm          |
But, baby, runnin' after you
                   |G    Am   |G
Is like chasin' the clouds.
```

Chorus 3

```
           ‖C
The story of my life.
  |
I take her home.
  |F              |
I drive all night to keep her warm
     |Am  |    |F        |
And time is fro - zen.
       |C
The story of my life.
  |
I give her hope.
  |F            |              |Am    |F
I spend her love un - til she's broke in - side.
              |C         |
The story of my life.
              |       |        |F       |
The story of my life.
              |Am      |      |F      |
The story of my life.
              |C      |     ‖
The story is my life.
```

Stronger
(What Doesn't Kill You)

Words and Music by Greg Kurstin,
Alexandra Tamposi, David Gamson
and Jorgen Elofsson

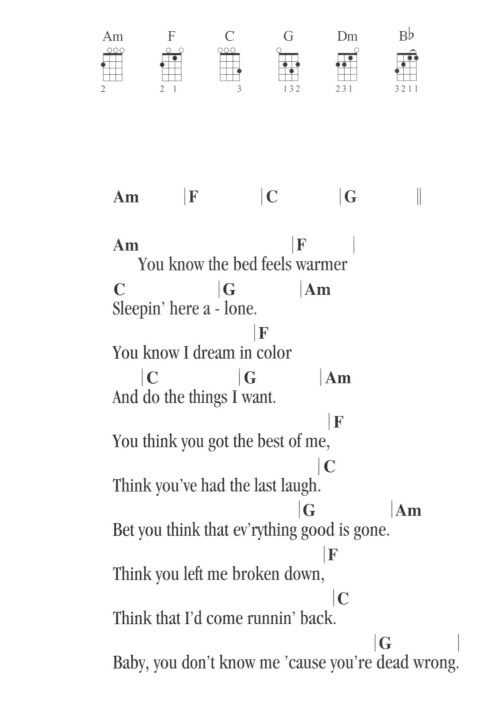

Intro | Am | F | C | G ||

Verse 1

Am |F |
    You know the bed feels warmer
C |G |Am
Sleepin' here a - lone.
                                          |F
You know I dream in color
      |C |G |Am
And do the things I want.
                                          |F
You think you got the best of me,
                                    |C
Think you've had the last laugh.
                        |G |Am
Bet you think that ev'rything good is gone.
                              |F
Think you left me broken down,
                        |C
Think that I'd come runnin' back.
                              |G |
Baby, you don't know me 'cause you're dead wrong.

Chorus 1

N.C.   ‖ **Am**   │ **F**
     What doesn't kill you makes you stronger, stand a little taller.
            │ **C**   │ **G**
Doesn't mean I'm lonely when I'm alone.
                    │ **Am**   │ **F**
What doesn't kill you makes you a fighter, footsteps even lighter.
            │ **C**   │ **G**
Doesn't mean I'm over 'cause you're gone.
                 │ **Am**
What doesn't kill you makes you
      │ **F**   │ **C**   │ **G**
Stronger, stronger, just me, myself and I.
                    │ **Am**   │ **F**
What doesn't kill you makes you stronger, stand a little taller.
            │ **C**   │ **G**   ‖
Doesn't mean I'm lonely when I'm alone.

Verse 2

Am   │ **F**
     You heard that I was starting over
 │ **C**   │ **G**   │ **Am**
With someone new.
                 │ **F**
They told you I was mov - in' on
 │ **C**   │ **G**   │ **Am**
And over you.
                    │ **F**
You didn't think that I come back,
              │ **C**
I'd come back swingin'.

You try to break me. But you see…

Chorus 2

Repeat Chorus 1

Bridge

Dm | |B♭
Thanks to you I got a new thing started,

                  | |Am
Thanks to you I'm not the brokenhearted.

                  |
Thanks to you I'm fin'lly thinkin' 'bout me.

  |F | |Am |F
You know in the end, the day I left was just-a my begin - ning.

      |C |
In the end,

Chorus 3

N.C.   ‖Am |F
What doesn't kill you makes you stronger, stand a little taller.

          |C |G
Doesn't mean I'm lonely when I'm alone.

                  |Am |F
What doesn't kill you makes you a fighter, footsteps even lighter.

          |C |G
Doesn't mean I'm over 'cause you're gone.

                 |Am
What doesn't kill you makes you

    |F |C |G
Stronger, stronger, just me, myself and I.

                 |Am |F
What doesn't kill you makes you stronger, stand a little taller.

        |C |G
Doesn't mean I'm lonely when I'm alone.

               |Am
What doesn't kill you makes you

    |F |C |G
Stronger, stronger, just me, myself and I.

                |Am |F
What doesn't kill you makes you stronger, stand a little taller.

        |C |G
Doesn't mean I'm lonely when I'm alone.

    ‖
Alone.

Outro

Am |F |C |G   ‖

What About Us

Words and Music by Alecia Moore,
Steve Mac and Johnny McDaid

Em   C   G   Gsus4

Intro   ‖:**Em** |**C** |**G Gsus4 G** | **Gsus4 G** :‖

Verse 1

         ‖**Em** |**C**
We are search - lights,

              |**G Gsus4 G** | **Gsus4**
We can see in the dark.

G |**Em** |**C**
We are rock - ets,

            |**G Gsus4 G** | **Gsus4**
Pointed up at the stars.

G |**Em** |**C**
We are bil - lions

           |**G Gsus4 G** | **Gsus4**
Of beautiful hearts.

G |**Em** |**C**
And you sold   us

           |**G Gsus4 G** | **Gsus4**
Down the river too far.

Chorus 1

G   ‖Em
What about us?

        |C
What about all the times you said

        |G Gsus4 G | Gsus4
You had the answers?

G |Em
What about us?

        |C
What about all the broken

        |G Gsus4 G | Gsus4
Happy ever afters?

G |Em
What about us?

        |C
What about all the plans

        |G Gsus4 G | Gsus4
That ended in dis - aster?

G |Em
What about love?

      |C
What about trust?

      |G Gsus4 G | Gsus4
What about us?

Verse 2

G   ‖Em |C
We are prob - lems

        |G Gsus4 G | Gsus4
That want to be solved.

G |Em |C
We are chil - dren

        |G Gsus4 G | Gsus4
That need to be loved.

G |Em |C
We were will - ing,

        |G Gsus4 G | Gsus4
We came when you called.

    G |Em |C
But, man, you fooled us;

      |G Gsus4 G | Gsus4
Enough is enough.

Chorus 2

```
G          ‖Em
```
What about us?
```
          |C
```
What about all the times
```
                       |G   Gsus4  G  |   Gsus4
```
You said you had the answers?
```
G          |Em
```
What about us?
```
          |C
```
What about all the broken
```
          |G   Gsus4  G  |   Gsus4
```
Happy ever afters?
```
G          |Em
```
What about us?
```
          |C
```
What about all the plans
```
                   |G   Gsus4  G  |
```
That ended in dis - aster?
```
Gsus4  G          |Em
```
Oh,   what about love?
```
          |C
```
What about trust?
```
          |G   Gsus4  G  |   Gsus4  N.C.  ‖
```
What about us?

Interlude

```
Em        |C         |G Gsus4 G |  Gsus4 G  |
Em        |C         |G Gsus4 G |
```

Chorus 3

   Gsus4 G   ‖Em
Oh,   what about us?

         |C
What about all the plans

              |G Gsus4 G | Gsus4
That ended in dis - aster?

G |Em
What about love?

     |C
What about trust?

      |G Gsus4 G | Gsus4 G ‖
What about us?

Bridge

Em |C
Sticks and stones, they may break these bones,

    |G   Gsus4 G |
But then   I'll be read - y.

      Gsus4 G |
Are you read - y?

Em |C |G
It's the start of us waking up, come on.

      Gsus4 G |
Are you read - y

      Gsus4 G |
I'll be read - y.

Em |C |G
I don't want control, I want to let go.

      Gsus4 G |
Are you read - y?

      Gsus4 G |
I'll be read - y.

     |Em |C |G
'Cause now it's time to let them know.

      Gsus4 G
We are read - y.

  |N.C.
What about…

Chorus 4

```
                   ‖Em
What about us?
                 |C
What about all the times
                        |G   Gsus4  G  |    Gsus4
You said you had the answers?
    G        |Em
So what about us?
               |C
What about all the broken
             |G   Gsus4  G  |   Gsus4
Happy ever afters?
G          |Em
What about us?
                |C
What about all the plans
                     |G   Gsus4  G  |
That ended in dis - aster?
Gsus4  G        |Em
Oh,     what about love?
             |C
What about trust?
           |G   Gsus4  G  |   Gsus4
What about us?
```

Outro

```
              G   ‖Em
What about us?
                |C
What about us?
             |G   Gsus4  G  |   Gsus4
What about us?
              G |Em
What about us?
               |C
What about us?
            |N.C.          ‖
What about us?
```

Superheroes

Words and Music by Danny O'Donoghue,
Mark Sheehan and James Barry

F   C   Am   G   Dm

Intro

|F   C |Am   G |F   C |G |
|F   C |Am   G |F   C |G

Verse 1

‖**F**   **C**
All her life, she has seen

|**Am**   **G**
All the meaner side of mean.

|**F**   **C**
They took a - way the prophet's dream

|**G**
For a profit on the street.

|**C**   **F**
Now she's stronger than you know;

|**G**   **N.C.**
A heart of steel starts to grow.

Verse 2

‖**F**   **C**
All his life, he's been told

|**Am**   **G**
He'll be nothing when he's old.

|**F**   **C**
All the kicks and all the blows,

|**Am**   **G**
He won't ever let it show.

|**C**   **F**
'Cause he's stronger than you know;

|**G**
A heart of steel starts to grow.

Chorus 1

     N.C.   ‖F   C
When you've been fighting for it all your life,

             │Am   G
You've been struggling to make things right,

           │F   C
That's how a superhero learns to fly.

    │G
(Every day, ev'ry hour, turn their pain…)

              │F   C
When you've been fighting for it all your life,

            │Am   G
You've been working ev'ry day and night,

           │F   C
That's how a superhero learns to fly.

   │G   │
(Ev'ry day, ev'ry hour, turn their pain into power.)

 F   C │Am G
(Oh, uh oh. Oh, oh, uh oh.)

Verse 3

    │F   C
All the hurt, all the lies,

 │Am   G
All the tears that they cry;

    │F   C
When the moment is just right,

  │Am   G
You see fire in their eyes.

    │C   F
'Cause he's stronger than you know;

    │G
A heart of steel starts to grow.

Chorus 2

                     N.C.   ‖**F**   **C**
When you've been fighting for it all your life,

                           |**Am**   **G**
You've been struggling to make things right,

                      |**F**   **C**
That's how a superhero learns to fly.

        |**G**
(Every day, ev'ry hour, turn their pain…)

                     |**F**   **C**
When you've been fighting for it all your life,

                     |**Am**   **G**
You've been working ev'ry day and night,

                     |**F**   **C**
That's how a superhero learns to fly.

       |**G**   ‖
(Ev'ry day, ev'ry hour, turn their pain into power.)

Interlude 1 |**F**   **C** |**Am** **G** |**F**   **C** |
                                                                   (Ev'ry

G |
Day, ev'ry hour, turn their pain into power.)

|**F**   **C** |**Am** **G** |**F**   **C** |
                                                                   (Ev'ry

G
Day, ev'ry hour, turn their pain into power.)

Bridge

‖**F**   **C**
She's got lions in her heart, a fire in her soul.

|**Am**   **G**
He's got a beast in his belly that's so hard to control.

|**F**   **C**
'Cause they've taken too much hits, take 'em blow by blow.

|**G**
Now, light a match, stand back, watch 'em explode.

|**Dm**   **F**
She's got lions in her heart, a fire in her soul.

|**C**   **G**
He's got a beast in his belly that's so hard to control.

|**C**   **F**
'Cause they've taken too much hits, take 'em blow by blow.

|**G** |
Now light a match, stand back, watch 'em explode, explode,

Explode, explode, explode.

Chorus 3   *Repeat Chorus 2*

Interlude 2

|**F**   **C** |**Am**   **G** |**F**   **C** |
                                            (Ev'ry

G |
Day, ev'ry hour, turn their pain into power.)

|**F**   **C** |**Am**   **G** |**F**   **C** |
                                            (Ev'ry

G
Day, ev'ry hour, turn their pain…)

Outro

‖**F**   **C**
When you've been fighting for it all your life,

|**Am**   **G**
You've been struggling to make things right,

|**F**   **C** |**G**   ‖
That's how a superhero learns to fly.

There's Nothing Holdin' Me Back

Words and Music by Shawn Mendes,
Geoffrey Warburton, Teddy Geiger
and Scott Harris

F   Am   G   C

(chord diagrams)

Intro

|F |Am |G | ||

Verse 1

```
      F          C       Am|      C  G |
      I want to fol - low where she goes,
                  C    G |      C |F
      I think about her and she knows it.
                  C    Am|    C  G |
      I want to let her take con - trol,
                  C     G  |        C
      'Cause ev'ry time that she gets closer,
```

Pre-Chorus 1

```
        ||F      C
        She pulls me in
        Am |        C   G  |    C
        E - nough to keep me guess - ing.
        G   |   C   |
        Mm.
        F       C
        Maybe I
        Am    |
        Should stop
               C    G  |    C
        And start con - fess - ing,
               G  |            ||
        Con - fess - ing, yeah.
```

Chorus 1

        F   C
        Oh, I've been shak - ing,

  Am | C
I love you when you go cra - zy.

      G | C   G |
You take all my inhibit - tions, ba - by,

                     C |F
There's nothing hold - in' me back.

                 C   Am | C
You take me plac - es that tear up my reputa - tion,

     G | C
Ma - nip - ulate my deci - sions.

G | C   ‖
Ba - by, there's nothing hold - in' me back.

Interlude 1

|F   C Am | C G | C G |

                 C |
There's nothing hold - in' me back.

|F   C Am | C G | C G |

                 C   ‖
There's nothing hold - in' me back.

Verse 2

F   C   Am | C G |
    She says that she's never a - fraid;

               C   G| C |F
Just picture ev' - rybod - y naked.

             C   Am | C G |
She really does - n't like to wait,

          C   G| C ‖
Not really in - to hes - i - tation.

Pre-Chorus 2

F   C
Pulls me in

Am | C   G | C
E - nough to keep me guess - ing.

G | C |
Mm.

F   C
Maybe I

Am |
Should stop

      C   G | C
And start con - fess - ing,

    G | ‖
Con - fess - ing, yeah.

Chorus 2   *Repeat Chorus 1*

Interlude 2 |F   C Am| C G| C G|

                                               C |

There's nothing hold - in' me back.

              |F   C Am| C G| C G|

Bridge

        C   ‖F

'Cause if we lost our minds

        C   Am|

And we took it way too far,

        C   G |

I know we'd be alright,

        C   G|

I know we would be alright.

        C |F

If you were by my side

        C   Am |

And we stum - bled in the dark,

        C   G |

I know we'd be alright,

        C   G|

I know we would be alright.

        C |F

'Cause if we lost our minds

        C   Am|

And we took it way too far,

        C   G |

I know we'd be alright,

        C   G|

I know we would be alright.

        C |F

If you were by my side

        C   Am |

And we stum - bled in the dark,

        C   G | C

I know we'd be alright,

        G | ‖

We would be alright.

Chorus 3   *Repeat Chorus 1*

Interlude 3

| F   C Am | C G | C G |
                                 C ‖
There's nothing hold - in' me back.

Outro

F   C Am |
   I feel so free
             C G | C
When you're with me, baby.
G | N.C. | ‖
Ba - by there's nothing holdin' me back.

What Makes You Beautiful

Words and Music by Savan Kotecha,
Rami Yacoub and Carl Falk

F Bb C Dm

Intro   F Bb |C |F Bb |C

‖F Bb

Verse 1 You're inse - cure,

|C

Don't know what for.

|F

You're turnin' heads

Bb |C

When you walk through the door.

|F Bb

Don't need make - up

|C

To cover up,

|F   Bb |C   ‖

Being the way that you are is e - nough.

F Bb |Dm C |

Pre-Chorus 1 Ev'ryone else in the room can see it,

F Bb |Dm C

Ev'ryone else but you, ooh.

Chorus 1

```
        ‖F          B♭          |C
Baby, you light up my world like no - body else.
               |F          B♭          |C
The way that you flip your hair gets me overwhelmed.
                  |F          B♭
But when you smile at the ground,
       |Dm    C          |F  B♭ |
It ain't hard to tell you don't know
C                                    |
You don't know you're beautiful.
F      B♭          |C
If only you saw what I can see,
               |F          B♭          |C
You'll under - stand why I want you so desp'rately.
                  |F          B♭
Right now I'm looking at you
       |Dm    C          |F  B♭  |
And I can't be - lieve you don't know,
Dm                      C          |
You don't know you're beautiful.
F  B♭ |
Oh,
C                              |F   B♭ |Dm  C
That's what makes you beautiful.
```

Verse 2

```
               ‖F     B♭
So, girl, c' - mon,
          |C
You got it wrong.
               |F          B♭  |C
To prove I'm right, I put it in a song.
               |F     B♭
I don't know why
          |C
You're being shy
               |F          B♭          |C        ‖
And turn a - way when I look into your eyes.
```

Pre-Chorus 2   *Repeat Pre-Chorus 1*

Chorus 2

```
              ‖F          Bb          |C
```
Baby, you light up my world like no - body else.
```
                      |F          Bb          |C
```
The way that you flip your hair gets me overwhelmed.
```
                      |F          Bb
```
But when you smile at the ground,
```
               |Dm    C           |F  Bb  |
```
It ain't hard to tell you don't know
```
C                              |
```
You don't know you're beautiful.
```
F       Bb          |C
```
If only you saw what I can see,
```
                   |F          Bb          |C
```
You'll under - stand why I want you so desp'rately.
```
                   |F          Bb
```
Right now I'm looking at you
```
        |Dm     C            |F   Bb   |
```
And I can't be - lieve you don't know,
```
Dm                      C         |
```
You don't know you're beautiful.
```
F  Bb  |
```
Oh,
```
C                                 ‖
```
That's what makes you beautiful.

Interlude

```
F          Bb          |
```
Na, na, na, na, na, na,
```
Dm  C      |
```
Na,   na, na.
```
F          Bb          |Dm  C  |
```
Na, na, na, na, na, na.
```
F          Bb          |
```
Na, na, na, na, na, na,
```
Dm  C      |
```
Na,   na, na.
```
F          Bb          |Dm  C
```
Na, na, na, na, na, na.

Bridge

    ‖ **B♭** |**C**
Baby, you light up my world like no - body else.
          |**B♭** |**C**
The way that you flip your hair gets me overwhelmed.
          |**B♭**
But when you smile at the ground,
    |**C** |**Dm** |
It ain't hard to tell you don't know,
C
You don't know you're beautiful.

Chorus 3

    ‖ **F**   **B♭** |**C**
You light up my world like no - body else.
        |**F**   **B♭** |**C**
The way that you flip your hair gets me overwhelmed.
       |**F**   **B♭**
But when you smile at the ground,
    |**Dm**   **C** |**F**   **B♭** |
It ain't hard to tell you don't know
Dm   **C** |
You don't know you're beautiful.
F   **B♭** |**C**
If only you saw what I can see,
       |**F**   **B♭** |**C**
You'll under - stand why I want you so desp'rately.
       |**F**   **B♭**
Right now I'm looking at you
    |**Dm**   **C** |**F**   **B♭** |
And I can't be - lieve you don't know,
Dm   **C** |
You don't know you're beautiful.
F **B♭** |
Oh,
Dm   **C** |
You don't know you're beautiful.
F **B♭** |
Oh,
C   ‖
That's makes you beautiful.

Whatever It Takes

Words and Music by Dan Reynolds,
Wayne Sermon, Ben McKee,
Daniel Platzman and Joel Little

Am   G   Em   D   F   C

Intro
```
||: Am    | G    | Em    |      :||
```

Verse 1

Am
Falling too fast to prepare for this,

G
Tripping in the world could be dangerous.

Em
Ev'rybody circling, it's vulturous, negative, nepotist.

Am
Ev'rybody waiting for the fall of man,

G
Ev'rybody praying for the end of times.

Em
Ev'rybody hoping they could be the one.

I was born to run, I was born for this.

Pre-Chorus 1

Am   **G**
Whip, whip, run me like a race horse.

   D   **Em**
Pull me like a ripcord, break me down and build me up.

   Am   **G**
I want to be the slip, slip word upon your lip, lip.

   D
Letter that you rip, rip.

       Em
Break me down and build me up,

Chorus 1

```
                              ‖F          |C
         Whatever it takes,
                              |G                    |Am
         'Cause I love the a - drenaline in my veins.
                              |F          |C
         I do whatever it takes
                              |G                         |Am
         'Cause I love how it feels when I break the chains.
                              |F          |C
         Whatever it takes,
            |G
         You take me to the top.
            |Am                    |F          |C
         I'm ready for whatever it takes
                              |G                 |N.C.
         'Cause I love the a - drenaline in my veins.
                              ‖
         I do what it takes.
```

Verse 2

```
         Am                                    |
         Always had a fear of being typical,
         G                                      |
         Looking in my body, feeling mis'rable.
         Em                            |                   |
         Always hanging on to the visual, I want to be invisible.
         Am                            |
         Looking at my years like a martyrdom,
         G                                    |
         Ev'rybody needs to be a part of 'em.
         Em
         Never be enough, I'm the prodigal son.
                   |                            ‖
         I was born to run, I was born for this.
```

Pre-Chorus 2   *Repeat Pre-Chorus 1*

Chorus 2   *Repeat Chorus 1*
```
```

Verse 3

```
Am                    |G
Hypocritical, ego - tistical,
                      |Em                   |
Don't want to be the parenthetical, hypo - thetical.
          |Am                              |
Working onto something that I'm proud of,
G                    |Em                    |
Out of the box, an epox - y to the world and the vision we've lost.
        |Am                |G                            |Em
I'm an a - postrophe, I'm just a symbol to remind you that there's more to see.
          |                        |Am
I'm just a product of the system, a ca - tastrophe.
          |G                    |Em
And yet a masterpiece and yet I'm half diseased.
          |                        |Am                        |G
And when I am deceased, at least I go down to the grave and die happily.
          |Em                    |           |N.C.
Leave the body of my soul to be a part of me.
```

Chorus 3

```
                        |                  ‖F        |C
I do what it takes, whatever it takes,
                        |G              |Am
'Cause I love the a - drenaline in my veins.
                        |F          |C
I do whatever it takes
                        |G                      |Am
'Cause I love how it feels when I break the chains.
                |F          |C
Whatever it takes,
          |G
You take me to the top.
     |Am                      |F          |C
I'm ready for whatever it takes
                        |G              |N.C.
'Cause I love the a - drenaline in my veins.
                        |                ‖
I do what it takes.
```

The Best Songs Ever

70 songs have now been arranged for ukulele. Includes: Always • Bohemian Rhapsody • Memory • My Favorite Things • Over the Rainbow • Piano Man • What a Wonderful World • Yesterday • You Raise Me Up • and more.

00282413........$17.99

Campfire Songs for Ukulele

30 favorites to sing as you roast marshmallows and strum your uke around the campfire. Includes: God Bless the U.S.A. • Hallelujah • The House of the Rising Sun • I Walk the Line • Puff the Magic Dragon • Wagon Wheel • You Are My Sunshine • and more.

00129170 ....$14.99

The Daily Ukulele

arr. Liz and Jim Beloff

Strum a different song everyday with easy arrangements of 365 of your favorite songs in one big songbook! Includes favorites by the Beatles, Beach Boys, and Bob Dylan, folk songs, pop songs, kids' songs, Christmas carols, and Broadway and Hollywood tunes, all with a spiral binding for ease of use.

00240356 Original Edition.................$39.99
00240681 Leap Year Edition $39.99
00119270 Portable Edition $37.50

Disney Hits for Ukulele

Play 23 of your favorite Disney songs on your ukulele. Includes: The Bare Necessities • Cruella De Vil • Do You Want to Build a Snowman? • Kiss the Girl • Lava • Let It Go • Once upon a Dream • A Whole New World • and more.

00151250 ....$16.99

Also available:

00291547 **Disney Fun Songs for Ukulele** ...$16.99
00701708 **Disney Songs for Ukulele**.......$14.99
00334696 **First 50 Disney Songs on Ukulele** .$16.99

First 50 Songs You Should Play on Ukulele

An amazing collec-tion of 50 accessible, must-know favorites: Edelweiss • Hey, Soul Sister • I Walk the Line • I'm Yours • Imagine • Over the Rainbow • Peaceful Easy Feeling • The Rainbow Connection • Riptide • more.

00149250 ....$16.99

Also available:

00292082 **First 50 Melodies on Ukulele** ...$15.99
00289029 **First 50 Songs on Solo Ukulele**..$15.99
00347437 **First 50 Songs to Strum on Uke** .$16.99

40 Most Streamed Songs for Ukulele

40 top hits that sound great on uke! Includes: Despacito • Feel It Still • Girls like You • Happier • Havana • High Hopes • The Middle • Perfect • 7 Rings • Shallow • Shape of You • Something Just like This • Stay • Sucker • Sunflower • Sweet but Psycho • Thank U, Next • There's Nothing Holdin' Me Back • Without Me • and more!

00298113 ....$17.99

The 4 Chord Songbook

With just 4 chords, you can play 50 hot songs on your ukulele! Songs include: Brown Eyed Girl • Do Wah Diddy Diddy • Hey Ya! • Ho Hey • Jessie's Girl • Let It Be • One Love • Stand by Me • Toes • With or Without You • and many more.

00142050........$16.99

Also available:

00141143 **The 3-Chord Songbook**........$16.99

Pop Songs for Kids

30 easy pop favorites for kids to play on uke, including: Brave • Can't Stop the Feeling! • Feel It Still • Fight Song • Happy • Havana • House of Gold • How Far I'll Go • Let It Go • Remember Me (Ernesto de la Cruz) • Rewrite the Stars • Roar • Shake It Off • Story of My Life • What Makes You Beautiful • and more.

00284415 ....$16.99

Simple Songs for Ukulele

50 favorites for standard G-C-E-A ukulele tuning, including: All Along the Watchtower • Can't Help Falling in Love • Don't Worry, Be Happy • Ho Hey • I'm Yours • King of the Road • Sweet Home Alabama • You Are My Sunshine • and more.

00156815........$14.99

Also available:

00276644 **More Simple Songs for Ukulele** .$14.99

Top Hits of 2020

18 uke-friendly tunes of 2020 are featured in this collection of melody, lyric and chord arrangements in standard G-C-E-A tuning. Includes: Adore You (Harry Styles) • Before You Go (Lewis Capaldi) • Cardigan (Taylor Swift) • Daisies (Katy Perry) • I Dare You (Kelly Clarkson) • Level of Concern (twenty one pilots) • No Time to Die (Billie Eilish) • Rain on Me (Lady Gaga feat. Ariana Grande) • Say So (Doja Cat) • and more.

00355553 ....$14.99

Also available:

00302274 **Top Hits of 2019** $14.99

Ukulele: The Most Requested Songs

Strum & Sing Series
Cherry Lane Music

Nearly 50 favorites all expertly arranged for ukulele! Includes: Bubbly • Build Me Up, Buttercup • Cecilia • Georgia on My Mind • Kokomo • L-O-V-E • Your Body Is a Wonderland • and more.

02501453 ....$14.99

The Ultimate Ukulele Fake Book

Uke enthusiasts will love this giant, spiral-bound collection of over 400 songs for uke! Includes: Crazy • Dancing Queen • Downtown • Fields of Gold • Happy • Hey Jude • 7 Years • Summertime • Thinking Out Loud • Thriller • Wagon Wheel • and more.

00175500 9" x 12" Edition $45.00
00319997 5.5" x 8.5" Edition $39.99

Hal • Leonard® UKULELE PLAY-ALONG

1. POP HITS
00701451 Book/CD Pack $15.99

3. HAWAIIAN FAVORITES
00701453 Book/Online Audio $14.99

4. CHILDREN'S SONGS
00701454 Book/Online Audio $14.99

5. CHRISTMAS SONGS
00701696 Book/CD Pack $12.99

6. LENNON & MCCARTNEY
00701723 Book/Online Audio $12.99

7. DISNEY FAVORITES
00701724 Book/Online Audio $14.99

8. CHART HITS
00701745 Book/CD Pack $15.99

9. THE SOUND OF MUSIC
00701784 Book/CD Pack $14.99

10. MOTOWN
00701964 Book/CD Pack $12.99

11. CHRISTMAS STRUMMING
00702458 Book/Online Audio $12.99

12. BLUEGRASS FAVORITES
00702584 Book/CD Pack $12.99

13. UKULELE SONGS
00702599 Book/CD Pack $12.99

14. JOHNNY CASH
00702615 Book/Online Audio $15.99

15. COUNTRY CLASSICS
00702834 Book/CD Pack $12.99

16. STANDARDS
00702835 Book/CD Pack $12.99

17. POP STANDARDS
00702836 Book/CD Pack $12.99

18. IRISH SONGS
00703086 Book/Online Audio $12.99

19. BLUES STANDARDS
00703087 Book/CD Pack $12.99

20. FOLK POP ROCK
00703088 Book/CD Pack $12.99

21. HAWAIIAN CLASSICS
00703097 Book/CD Pack $12.99

22. ISLAND SONGS
00703098 Book/CD Pack $12.99

23. TAYLOR SWIFT
00221966 Book/Online Audio $16.99

24. WINTER WONDERLAND
00101871 Book/CD Pack $12.99

25. GREEN DAY
00110398 Book/CD Pack $14.99

26. BOB MARLEY
00110399 Book/Online Audio $14.99

27. TIN PAN ALLEY
00116358 Book/CD Pack $12.99

28. STEVIE WONDER
00116736 Book/CD Pack $14.99

29. OVER THE RAINBOW & OTHER FAVORITES
00117076 Book/Online Audio $15.99

30. ACOUSTIC SONGS
00122336 Book/CD Pack $14.99

31. JASON MRAZ
00124166 Book/CD Pack $14.99

32. TOP DOWNLOADS
00127507 Book/CD Pack $14.99

33. CLASSICAL THEMES
00127892 Book/Online Audio $14.99

34. CHRISTMAS HITS
00128602 Book/CD Pack $14.99

35. SONGS FOR BEGINNERS
00129009 Book/Online Audio $14.99

36. ELVIS PRESLEY HAWAII
00138199 Book/Online Audio $14.99

37. LATIN
00141191 Book/Online Audio $14.99

38. JAZZ
00141192 Book/Online Audio $14.99

39. GYPSY JAZZ
00146559 Book/Online Audio $15.99

40. TODAY'S HITS
00160845 Book/Online Audio $14.99

HAL • LEONARD®

www.halleonard.com

Prices, contents, and availability subject to change without notice.